WANDA A. CANUTTI

HISTÓRIA DE MUITAS HISTÓRIAS

Sobre a vivência e psicografia de

EÇA DE QUEIRÓS

e também do espírito CHARLES

Solicite nosso catálogo completo, com mais de 350 títulos, onde você encontra as melhores opções do bom livro espírita: literatura infantojuvenil, contos, obras biográficas e de autoajuda, mensagens espirituais, romances palpitantes, estudos doutrinários, obras básicas de Allan Kardec, e mais os esclarecedores cursos e estudos para aplicação no centro espírita – iniciação, mediunidade, reuniões mediúnicas, oratória, desobsessão, fluidos e passes.

E caso não encontre os nossos livros na livraria de sua preferência, solicite o endereço de nosso distribuidor mais próximo de você.

Edição e distribuição

EDITORA EME
Caixa Postal 1820 – CEP 13360-000 – Capivari – SP
Telefones: (19) 3491-7000 | 3491-5449
Vivo (19) 99983-2575 ☎ | Claro (19) 99317-2800
vendas@editoraeme.com.br – www.editoraeme.com.br

WANDA A. CANUTTI

HISTÓRIA DE MUITAS HISTÓRIAS

Sobre a vivência e psicografia de

EÇA DE QUEIRÓS

e também do espírito CHARLES

Capivari-SP
– 2017 –

© 2017 Wanda A. Canutti

Os direitos autorais desta obra foram cedidos pela autora para a Editora EME, o que propicia a venda dos livros com preços mais acessíveis e a manutenção de campanhas com preços especiais a Clubes do Livro de todo o Brasil.

A Editora EME mantém, ainda, o Centro Espírita "Mensagem de Esperança" e patrocina, junto com outras empresas, a Central de Educação e Atendimento da Criança (Casa da Criança), em Capivari-SP.

1ª edição – novembro/2017 – 3.000 exemplares

CAPA | André Stenico
PROJETO GRÁFICO E DIAGRAMAÇÃO | Marco Melo
REVISÃO | Editora EME

Ficha catalográfica

Canutti, Wanda A., 1932
    História de muitas histórias / Wanda A. Canutti – 1ª ed. nov.
2017 – Capivari, SP: Editora EME.
    280 p.

    ISBN 978-85-9544-035-7
1. Mediunidade. 2. Psicografia. 3. História dos livros psicografados. 4. Eça de Queirós.
I. TÍTULO.

                                                        CDD 133.9

SUMÁRIO

Apresentação 9
I Parte – DA CHEGADA À IDENTIFICAÇÃO
   1..13
   2..21
   3..33
   4..43
   5..57
II Parte – PRIMEIRAS PREOCUPAÇÕES
   1..73
   2..85
   3..95
   4..105
   5..117
III Parte – ALGUNS RESGATES
   1..131

2	141
3	149
4	157
5	163
6	169
7	181
8	191
9	199

IV Parte – A OUTRA EXTREMIDADE

1	205
2	221
3	233
4	243

ADENDO – AS HISTÓRIAS CONTINUAM... 255

ESCLARECIMENTO AOS LEITORES

WANDA A. CANUTTI desencarnou em 2004 deixando uma vasta obra psicografada em parceria com Eça de Queirós (27 livros) e Charles (2 livros). Esse trabalho foi realizado em treze anos.

Ao término desse trabalho a médium organizou um relato dessa parceria num livro que intitulou de *História de muitas histórias*.

Agora, treze anos após sua desencarnação, e com toda sua produção psicográfica publicada, a **Editora EME** homenageia Wanda A. Canutti através da publicação deste livro que trará ao leitor toda a ternura que envolveu essa atividade, ao longo desses anos.

Ler este testemunho será como ter Wanda entre nós, contando suas dificuldades e alegrias, suas apreensões e incertezas, e abrindo seu coração ao nos revelar o laço de parentesco que a une ao escritor português, desencarnado há mais de um século.

A publicação de seus livros teve início em 1998 e terminou em 2016. Infelizmente ela não pôde acompanhar em vida a publicação de todos eles.

Dessa forma, nada mais justo do que homenageá-la através da edição deste livro que conta a *História de muitas histórias*.

APRESENTAÇÃO

DE FORMA QUASE imperceptível, sem que saibamos como, uma ideia surge em nossa mente. Acanhada de início, mas tomando corpo e se avantajando aos poucos, ela toma-nos completamente.

Seria originada de nossa própria mente ou alguém no-la teria transmitido?

Seja como for, é impossível permanecermos indiferentes ao que nos sugere. Pensamos, ponderamos e nos rendemos a ela se compreendemos que é benéfica.

Foi assim que surgiu este trabalho, e, no meu entender, só poderia ter sido sugerido pelo meu querido pai espiritual – Eça, que, com certeza, desejava ver publicada a história de muitas histórias que tem envolvido essa nossa atividade, desde a sua chegada.

Além dos livros que tem me passado, dos quais alguns já se encontram publicados e outros estão esperando a sua vez de saírem a público, ele sempre me passou mensagens de esclarecimento e orientação, algumas, de conforto e estímulo, outras, conforme a ocasião e a situação requeriam.

Por que guardá-las só para mim?

Se elas me haviam feito bem, por que não estender seu benefício a tantos que poderiam tê-las à mão através de um livro?

Assim, entre as histórias que nos envolveram na realização da nossa tarefa e as mensagens que tem me transmitido, compusemos este livro cujo título também me foi passado por ele, e, se algum mérito tiver, não será por mim que não sou escritora e ainda trago muitas imperfeições, mas pelo que contém dele – do grande escritor Eça de Queirós e do espírito que hoje ele é.

Wanda A. Canutti

I PARTE

DA CHEGADA À IDENTIFICAÇÃO

1

SE VOLTARMOS O pensamento ao ponto mais longínquo que a nossa memória pode reter, desta nossa existência, e chegarmos até o dia de hoje, passando pelos muitos acontecimentos e oportunidades que nos envolveram, verificamos o quanto aprendemos, o quanto adquirimos em experiências e até o quanto perdemos em oportunidades.

Entretanto, essa mesma vivência de tantos anos nos leva a algumas reflexões e análises e, muitas vezes, em razão do desconhecimento de que tudo neste Universo criado por Deus, está perfeitamente ajustado e tem o seu momento certo, achamos que, se tal ou tal oportunidade tivesse nos surgido mais tarde, quando nosso espírito já acumulava mais experiências, teríamos sabido dar outro rumo a determinados acontecimentos e nos conduzido a direções mais salutares.

Em contrapartida, se somos requisitados para alguma tarefa quando não estamos mais em todo o vigor da nossa juventude, concluímos que, se tivéssemos sido chamados antes, teríamos tido mais tempo de desenvolver o trabalho a que fomos solicitados, com melhor aproveitamento da oportunidade. E assim, sempre procuramos dar desculpas a nós mesmos, pelo nosso comodismo, pelo nosso descaso, pela nossa imprevidência.

Não devemos nos esquecer, porém, de que, desde o primeiro momento em que aqui chegamos para cumprir uma encarnação, nosso espírito começa a acumular conhecimentos, e somos solicitados exatamente no momento em que devemos sê-lo – nem antes, nem depois.

Para cada situação temos uma reação, tanto pelo cabedal de experiências acumuladas na existência presente, quanto pelo que já trouxemos em nosso espírito, de encarnações anteriores. Cabe, portanto, a nós mesmos, a responsabilidade do que fizermos ou do que deixarmos de fazer.

Tudo está bem disposto e encadeado e, de cada acontecimento, de cada decisão, sempre retiramos aprendizados valiosos, em qualquer idade, basta que tenhamos olhos de ver. Mesmo que não ajamos de acordo com os princípios prescritos pelo Pai e, pela nossa rebeldia, soframos, num futuro, seja quando for, as nossas atitudes infelizes servirão de ponto de partida para outras reflexões e para atitudes mais cristãs.

Se alguma tarefa mais nobre se nos achega, nas mesmas condições, e se a nossa disposição de trabalhar já faz parte das nossas aquisições anteriores ou do nosso esforço em conquistá-las, devemos saber aproveitar o momento, sejamos jovens, sejamos idosos, e utilizarmo-

HISTÓRIA DE MUITAS HISTÓRIAS | 15

-nos de todas as possibilidades que ela nos oferece e que podemos lhe oferecer, e partirmos para o trabalho com muito amor.

Essas considerações preliminares foram aventadas, apenas para que eu pudesse situar-me dentro das narrativas de uma tarefa importante que se me achegou, quando algumas experiências já havia conseguido incorporar ao meu espírito, para não dizer, quando a juventude não fazia mais parte do meu organismo físico.

Se eu fosse dotada da visão extracorpórea ou da premonição, talvez iniciasse esta narrativa no ponto em que o segundo volume de *Um amor eterno*[1] foi concluído, e de lá partiria para o que pretendo: narrar a história de muitas histórias, das quais tenho sido o braço material de que Eça de Queirós, espírito, tem se utilizado, para novamente aqui deixar seus livros, segundo os seus objetivos e propósitos, e dos quais o leitor tomará conhecimento à medida que as histórias se sucederem. Todavia, como não possuo esses dons e não sabia da sua chegada, limitar-me-ei a narrar a partir da sua primeira manifestação, cujo tempo que deveria estar em minha companhia, preparando-me para a tarefa que me trouxera, não posso avaliar.

Integrada desde 1971, às atividades do Centro Assistencial "Batuíra", na cidade de Araraquara, onde nasci e resido, nele trabalhava como médium psicofônico há cerca de dezessete anos, dois anos após a minha chega-

---

1. Livro transmitido por Eça de Queirós, em dois volumes, de grande importância para a nossa vida de espíritos imortais, que será comentado oportunamente. (Nota da médium)

da, participando de um trabalho mediúnico realizado uma vez por semana. Para lá fora levada quando os problemas daqueles que assumem, no mundo espiritual, o compromisso da mediunidade, começam a aguilhoá--los, como que a lembrá-los do compromisso assumido.

Colaborava, também, em outras atividades, tanto de socorro espiritual através do passe, como de assistência social, confeccionando trabalhos manuais e coordenando bazares beneficentes para a construção e, depois, manutenção de uma creche.

Nenhuma possibilidade mediúnica, além da citada, havia se manifestado em mim, e eu cumpria, semanalmente, as tarefas que me propusera.

Uma noite, porém, no início do mês de junho de 1990, durante uma das referidas reuniões mediúnicas, senti como se uma ordem intensa me tivesse sido dada e eu ouvi, dentro da mente, a palavra – escrever – ao mesmo tempo que um frêmito percorria todo o meu braço direito.

Aquela sensação inusitada assustou-me, mas nada foi além, e nada comentei, achando que tivesse sido uma fantasia da minha imaginação.

Quanto tempo havia se passado entre o fato narrado no final do segundo volume citado, até aquele momento, eu não sei! Acredito que o suficiente para que o autor espiritual me observasse e me estudasse, para constatar em mim as reais possibilidades de atendê-lo na tarefa tão importante que trazia e da qual eu nem sequer tinha a mais leve noção.

Na semana seguinte, no mesmo dia e horário, estava eu lá para participar da referida reunião.

Durante o seu transcurso, o presidente dos trabalhos e, naquele momento, doutrinador, percebendo que eu estava envolvida por uma entidade, veio até mim para atendê-la. Recebendo-a com o carinho que dispensava a todos os desencarnados, ele colocou-se à disposição para auxiliá-la em qualquer necessidade que porventura revelasse.

Agradecida, a entidade respondeu que de nada precisava, explicando que comparecera para dizer que eu, a médium que lhe dava a palavra, passaria a escrever. Que eu seria treinada para um trabalho de psicografia, que deveria se iniciar na reunião da semana seguinte, mas que nenhum dos presentes se assustasse porque, de início, seriam só rabiscos.

Não será necessário expressar a alegria que me invadiu, por poder desenvolver mais um dom dentro da minha mediunidade, e utilizá-lo como oportunidade de serviço, dentro das tarefas de redenção do nosso espírito. Na verdade, eu não imaginava a extensão e profundidade da tarefa que me aguardava.

Como nem sempre os acontecimentos transcorrem dentro do que esperamos e imaginamos, num dos dias daquela semana em curso, eu tive uma queda dentro de minha casa, luxando meu braço direito que precisou ficar imobilizado por algum tempo. Muitas dores advieram daquela situação, o que me obrigou a ficar afastada das reuniões por cerca de dois meses. No meu entender, a oportunidade que me fora anunciada deveria estar perdida.

Porém, como sabemos que no não há pressa, e os espíritos mais evoluídos sabem esperar pacientemente e até nos auxiliam nas nossas necessidades, quando retornei, no mês de setembro, novamente a mesma entidade se manifestou através da palavra falada. Repetindo o que havia exposto, disse que, como o anunciado não tinha podido ser efetuado pelas razões que eram do conhecimento de todos, com a minha volta, o início daquela atividade se daria, comunicando-me que faríamos uma tentativa na semana seguinte.

De fato, no dia aprazado, durante a realização dos referidos trabalhos, coloquei-me à disposição, e senti, juntamente com um frêmito que percorria todo o meu braço, um impulso que o movimentava rapidamente, fazendo discorrer a caneta sobre o papel. Ao término, como fora previsto, havia algumas linhas de rabiscos, deixando entrever algumas formas como se fosse um ensaio da palavra amor.

Na semana seguinte foi a mesma sensação, mas posso dizer que houve um grande progresso, pois, ao final, ele havia me deixado uma pequena mensagem, simples em suas palavras, mas profunda em suas verdades, falando da necessidade de abrigarmos em nós o sentimento do amor, não só para distribuirmos, mas para que também pudéssemos recebê-lo.

Prosseguindo nas oportunidades seguintes, continuou a falar do amor e, aconselhando-me a um maior desprendimento de mim mesma, para que o trabalho pudesse ser mais facilmente realizado, revelou:

Estamos empenhados, com muito amor, nesta atividade de fazê-la escrever.
Teremos uma tarefa a cumprir e a cumprire-

mos! A irmã nem sequer imagina para que servirá este nosso treinamento, que será muito profícuo num futuro.

Às vezes ele fazia, através das mensagens, um pequeno comentário sobre a lição do evangelho, lida no início das reuniões e assim prosseguíamos com muita alegria, trabalhando, e eu, submetendo-me ao empenho daquele espírito que se revelava um grande didata na arte de me fazer escrever, e que, naquela altura, já considerava um grande amigo espiritual, cuja presença sentia com frequência.

Ele identificava-se como tendo sido um escritor em vidas anteriores, sem, contudo, revelar sua verdadeira identidade e, até então, assinava os seus escritos com três Xs = XXX.

Suas mensagens eram sempre dirigidas a mim como se mantivesse comigo alguma conversa, e após algumas semanas, ele deixou o tratamento de *irmã*, com o qual fraternalmente me obsequiava, e passou a chamar-me de *filha*.

2

AQUELE TRABALHO INICIADO no centro tinha uma finalidade muito mais ampla, intensa e extensa do que eu poderia supor, para ficar limitado a alguns poucos minutos uma vez por semana, não obstante de nada eu soubesse.

Diante dos objetivos que aquele espírito trazia, era necessário muito mais... Assim, ele, através da intuição, estimulava-me o desejo de passar a escrever em casa. Eu, porém, resistia, até que numa noite, – 23 de novembro de 1990 – quando tivemos a oportunidade de escrever durante as já referidas reuniões no centro espírita, ele transmitiu-me uma mensagem com algumas orientações, tornando-me claras as suas intenções, as mesmas que eu recebia constantemente pela intuição.

> ... teremos uma tarefa a cumprir e aqui se faz um pouco difícil. Há necessidade de muita tranquilidade que poderá obter só!

Na mesma ocasião ele orientava-me como proceder para a formação de um ambiente propício ao trabalho em casa que, segundo ele,

> ... logo deixará de ser exercício para ser a verdadeira atividade que nos propusemos realizar.

Ele aconselhava-me, também, que a nossa atividade de escrever nas reuniões da casa espírita não fossem interrompidas, pois seriam benéficas a muitos pelo conteúdo que traziam, intensificando, também, o nosso treinamento. Depois de muito pensar e obter autorização de um mentor espiritual consultado, decidi que tentaria o que ele me solicitava. Procurei encontrar um horário satisfatório para poder estar em paz, conforme ele desejava, sem que nada perturbasse o bom andamento da nossa atividade. Colocar-me-ia à disposição dele, em meu quarto, após cumprir as suas orientações quanto à preparação de um ambiente favorável, através de preces e da leitura de uma página do evangelho, pela manhã, bem cedo, enquanto a casa ainda dormia, evitando interrupções através da campainha, das chamadas telefônicas ou de algum outro impedimento normal, pelo desenrolar das atividades rotineiras de uma casa.

Na manhã de 25 de novembro de 1990, esse trabalho começou. A mensagem que ele me transmitiu foi bem mais longa, começando por dizer:

> Querida filha, hoje é o marco importante nesta tarefa que se inicia...

Mais adiante, acrescentou:

> Há tempos eu a observava para essa tarefa que desejo cumprir, e sem a sua ajuda ela se tornará impossível, pois preciso de um instrumento para realizá-la, e esse instrumento é você, filha querida! Quando nenhuma dúvida pairar sobre sua cabeça, saberá quem sou e se espantará! Por ora, não é conveniente, pois não acreditaria; acharia que é fantasia da sua imaginação, por isso, os três Xs ainda continuarão por algum tempo!...

A partir daquela data memorável que, na ocasião, não teve para mim nenhum significado além de marcar o início de uma nova etapa de um trabalho que me trazia muita alegria, mesmo não sabendo com quem trabalhava, coloquei-me à sua disposição diariamente, no horário preestabelecido. Bem mais tarde, quando ele revelou sua identidade, ela teve um sentido muito maior – era justamente o dia em que se comemorava cento e quarenta e cinco anos da sua chegada à Terra, para a encarnação que lhe dera a oportunidade de se tornar um escritor famoso. – Acaso?... Coincidência?... – Sabemos que não existem.

Assim continuamos, e, a cada dia, ele me transmitia palavras de estímulo, exaltava o valor das virtudes, falava das obrigações e responsabilidades de cada ser encarnado em tarefas de aprimoramento e ia acrescentando, também, aos poucos, esclarecimentos sobre a tarefa que nos aguardava. Logo no dia imediato, deixou-me um relato, do qual transcrevo alguns trechos, por compreendê-los esclarecedores, sobretudo pela tarefa que hoje realizamos:

Filha, para quem escreve, o objetivo é sempre compor um livro. Às vezes temos grandes ideias sobre uma história; às vezes temos relatos que devem ser perpetuados para que os irmãos da Terra possam tomar conhecimento, tanto para melhor aprenderem as coisas do Alto, como para mais crerem nas verdades do Pai.

As palavras transmitidas através da comunicação falada não chegam a todos, mas só a uma minoria que participa, nem sempre a mais necessitada. Por isso é preciso a palavra escrita, que tem um alcance maior! Alcança crentes e aqueles que ainda não creram e precisam de depoimentos, de provas, para aumentarem a fé, para entenderem as verdades espirituais.

As mensagens de força, de coragem são extremamente benéficas, mas os depoimentos, principalmente os de espíritos cuja vida material já seja conhecida de todos, através da História, são muito mais convincentes, muito mais palpáveis e muito mais importantes.

Afora isso, há um outro lado. Nem tudo o que a História registra através das biografias das personalidades que aqui viveram, é a verdadeira história que morou e ainda mora no coração dos que tiveram suas vidas a serviço de uma causa que, para a espiritualidade, nem sempre foi nobre.

Desfazendo-se enganos, desfazendo-se tramas, as personagens não se livram de culpas, mas redimem-se e procuram crescer um pouco mais diante do Pai, pelo reconhecimento dos próprios delitos e pelo afloramento das boas ações que praticaram. Veja, filha, a importância do nosso trabalho! Tenho muitas dessas histórias para narrar, tenho fatos que a História não sabe, tenho a causa espiritual de cada ato, tenho a nossa verdade. Digo nossa, por sermos todos espíritos procurando evolução, muitas vezes obcecados pelo arrependimento. Mas o Pai, infinitamente bom e misericordioso, sempre nos dá oportunidades. Não se assuste com o relato de hoje. A cada dia lhe será sugerido um pouco de como será o nosso trabalho.

Aqui, neste ponto, cabe uma pequena interrupção na sequência desta narrativa, porque preciso voltar há algum tempo atrás, enquanto realizava esse trabalho somente na casa espírita, para narrar um fato que, na ocasião, causou-me estranheza, mas que, com o passar do tempo, teve a sua explicação.

Durante uma tranquila madrugada em que eu estava acordada, como comumente acontecia, meu pensamento divagava, ajudado pelo silêncio profundo, e eu senti, como se tivessem arremessado em minha mente, com grande intensidade, um nome, apenas um nome, que nada tinha a ver com o momento nem com meus pensamentos, assustando-me um pouco.

Enquanto estudante, sempre fui um tanto avessa aos estudos de História, embora compreenda a sua importância e lamente, agora, não ter me aplicado melhor a essas disciplinas; da mesma forma, nunca me interessei por Política, daí a estranheza do nome, ainda mais naquele momento. Pensamento elaborado por mim, seria impossível. Jamais, pelo meu modo de ser e pelo afastamento no tempo, dos acontecimentos que envolveram a personalidade política cujo nome me surpreendera, eu iria trazer para a minha mente, naquela madrugada, esse nome que faz parte da história política deste país – GETÚLIO VARGAS!

Se antes não pensara nele, após, não conseguia tirá-lo da mente, pela estranheza com que ocorrera e, durante o dia, contei à minha irmã aquele fato, comentando, ingenuamente, sem compreender a sua verdadeira finalidade, que ele poderia estar precisando de preces.

O tempo foi transcorrendo e tal pensamento se acomodando, contudo, pela forma como aquele espírito amigo encaminhava as suas mensagens, percebi que me preparava para algo em relação à referida personalidade, sem nunca ter mencionado seu nome em nenhum de seus escritos.

Após a mensagem cujos trechos transcrevi acima, outras vieram e, entre orientações e esclarecimentos, ele falava da tarefa que nos aguardava.

O que transcrevo abaixo, não obstante tenha sido dirigido a mim e tenha referências ao nosso trabalho, há pontos que julgo de importância a todos, pois, se aqui nos encontramos para redimir nossos espíritos, ficamos

HISTÓRIA DE MUITAS HISTÓRIAS | 27

sujeitos às mesmas situações e oportunidades e, qualquer esclarecimento vindo de um espírito bem-intencionado, só poderá ser útil. Referindo-se aos dons mediúnicos e à utilização que os seus portadores lhe dão, ele esclareceu:

Para o Pai, todos aqueles que estão a seu serviço, são sempre muito valiosos e não há trabalho insignificante. Há capacidades maiores ou menores, mas todas muito importantes para a espiritualidade maior, que, cada vez mais precisa de trabalhadores que se disponham, de boa vontade, a realizar as tarefas que o Pai programa para Seus filhos.

Muitos tornam-se arredios, fascinados pelas maravilhas que encontram na Terra, às quais dão tanto valor, e esquecem-se dos compromissos assumidos, encantados com as futilidades e os atrativos que a vida material lhes oferece.

Entende, filha, o porquê do nosso carinho, da nossa atenção, dos nossos esforços em favor daqueles que se dispõem a trabalhar no bem, a trabalhar na causa do Pai?

Conquanto essas considerações tivessem sido circunscritas à mediunidade e à sua utilização, podemos transportá-las para qualquer atividade da vida humana.

Quando encarnamos, trazemos um plano para ser desenvolvido, de acordo com as nossas necessidades de resgate e aprimoramento, mas nem sempre damos ouvidos à voz da consciência que nos alerta sobre ele e nos desviamos, atraídos por quimeras terrenas, passageiras e ilusórias, que, além de nada aproveitar ao nosso espírito, às vezes fazem com que nos comprometamos ainda mais. O alerta dos bondosos benfeitores que se interessam por nós, sempre nos adverte e nos auxilia a retomarmos o caminho do bem, se dele nos desviarmos, mas frequentemente o desprezamos, e eles nada podem fazer. O uso do livre-arbítrio é um direito que Deus nos outorgou, porém, se dele não soubermos fazer uso, as responsabilidades também serão nossas.

Prosseguindo, ele falou do nosso trabalho, fazendo-me compreender o porquê do nome Getúlio Vargas me ter sido passado, e o porquê dele ter permanecido em minha mente como uma indagação, fazendo alusão, justamente aos pontos acima comentados – o desvio de compromissos assumidos.

Agora falaremos mais um pouquinho da nossa tarefa, que, a um tempo não muito distante, talvez, possamos começar.

Falaremos de um político brasileiro, sobre cuja identidade você já foi intuída! Será o nosso lado, o lado espiritual de sua vida, fatos que o envolveram na vida terrena e que nunca foram descritos.

Fatos que revelarão o seu verdadeiro caráter, tanto no campo das atrocidades praticadas, como no das boas ações que, se pesadas, poderão ser maiores que as más. No momento adequado, nada será surpreendente para você.

Pergunta o porquê dessa personalidade! A resposta terá também seu momento certo e será revelada pelo próprio discorrer dos assuntos. Ela foi o marco de uma mudança muito importante na vida política do Brasil, apesar da prática de atos, que, muitas vezes, aqueles que não têm um entendimento maior, consideram-nos corretos e por eles pagam muitos sofrimentos na vida espiritual. Mas, as boas ações também são ponderadas e o seu peso proporciona-lhes o direito da misericórdia do Pai e poderão ser ajudados. A maioria dos políticos vêm sempre com uma missão a cumprir. Nem sempre a cumprem conforme o programado, por razões de deslumbramento do poder e por ele perdem o equilíbrio das suas ações, esquecendo-se do que prometeram em favor dos menos favorecidos da sorte. Esse desvio lhes é muito penoso ao partirem, pois se sobrecarregam de débitos e, quando readquirem a consciência de si próprios, o pleno equilíbrio, vem o arrependimento, a vontade de se redimirem por uma nova oportunidade, só que para isso muitos anos e, às vezes, séculos, são transcorridos.

A partir de então, ele intensificou o meu treinamento, começando, já no dia imediato, a passar-me pequenas historietas, todas de fundo moral, contendo ensinamentos evangélicos e exemplos edificantes. Oportunamente, segundo seu próprio aconselhamento, eu as reunirei a outras que recebi posteriormente, e formarei, com elas, um volume pequeno e simples que será bastante útil e esclarecedor ao leitor, sobretudo aos principiantes na doutrina.

Numa mensagem de 3 de dezembro do mesmo ano, em decorrência de algumas explicações, ele fez, de forma bastante simples, uma revelação, para mim, surpreendente e inesperada.

> ... Compreendes quando ouves dizer que nada nesta vida acontece por acaso? O acaso não existe e não foste escolhida por acaso! Tudo tem uma razão de ser, filha querida que já o foste de outras vidas!

Era a primeira menção de que aquele espírito, já tão querido, fora meu pai em outras existências.

Prosseguindo, ele introduziu outros esclarecimentos, dizendo:

> Escreveremos alguns livros, filha querida, se assim te dispuseres. As histórias serão variadas, os temas de diversas origens, comprovando a existência da alma, falando das responsabilidades que uma encarnação oferece aos seus filhos, demonstrando os desvios que ocorrem dentro dessas encarnações, pela fuga dos compromissos assumidos. Tudo envolto num clima de romance, com momentos de ternura e de enlevo, para que a narrativa se suavize.

HISTÓRIA DE MUITAS HISTÓRIAS | 31

Hoje, passados alguns anos da sua primeira manifestação, quando já acumulamos muitos volumes prontos a espera de publicação, posso afirmar que esses seus propósitos vêm se cumprindo.

A nossa atividade continuou, e ele, sempre me agradecendo por me colocar à disposição para recebê-lo, estimulava-me, também, a que prosseguíssemos, pois, segundo o que dizia, muito trabalho nos esperava.

Quantas tarefas se perdem pela falta de trabalhadores! Quantas tarefas são planejadas e não podem ser executadas porque os trabalhadores se mostram arredios!

Que seria dos músicos se não tivessem instrumentos para tocar? Que seria dos pintores se não tivessem pincéis e tintas? Que seria de todos aqueles que desejam trabalhar se não tivessem instrumentos de trabalho?

Muitos espíritos bem-intencionados, desejando retornar à Terra para a realização de um trabalho, esforçam-se, elaboram uma programação com carinho e esperam autorização para virem realizá-la, que é sempre assim que ocorre. Porém, por mais evoluídos sejam, muitas delas não podem realizar sozinhos, sobretudo as que trazem o objetivo de deixarem aqui, para os encarnados, exemplos de vida, instruções sobre as verdades espirituais, revelações sobre o que os aguarda, depois da partida deste plano, orientações para que possam melhor aproveitar a existência que lhes está sendo concedida. Contudo, nem sempre encontram a receptividade de que necessitam para concretizá-la, e o plano perde-se por falta de trabalhadores dedicados, que ainda não foram despertados pelo chamamento que lhes é feito.

3

No dia 6 de dezembro do mesmo ano, recebi uma mensagem desse abnegado trabalhador espiritual, que veio confirmar o motivo de toda aquela preparação em torno da personalidade política – GETÚLIO VARGAS.

Sem que seu nome tivesse sido citado, compreendi que as referências nela contidas, haviam sido feitas ao homem político que ele fora.

A mensagem em questão, hoje faz parte das Palavras do Autor, no livro – *Getúlio Vargas em dois mundos*, do qual falaremos oportunamente.

Na manhã seguinte ele começou uma narrativa, sem que nenhuma explicação preliminar me tivesse sido feita, talvez, com a intenção de não me preocupar, dando-me a entender que um livro estava sendo iniciado. O que ele esperava, e a razão de sua vinda, começava a concretizar-se. Trabalharíamos num livro que traria a história de Getúlio Vargas!

Nos dias subsequentes, ele continuou a narrativa e,

34 | WANDA A. CANUTTI

sem que eu pudesse evitar, talvez pela conscientização da responsabilidade que aquele trabalho representava para mim, uma incipiente na escrita psicográfica – uma grande preocupação começou a tomar conta do meu espírito, afetando a tranquilidade de que desfrutávamos para a realização do trabalho. E, quando não há tranquilidade, a sintonia torna-se mais difícil, comprometendo os resultados. Ao cabo de alguns dias, eu lhe pedi que interrompesse temporariamente a transmissão daquela história e me passasse outra, com personagens e tramas fictícias, com as quais eu me sentiria mais à vontade e mais tranquila.

Ele, bondoso e compreensivo, atendeu ao meu pedido e interrompeu aquele trabalho para posterior retomada, mas prosseguimos, diariamente, com mais algumas histórias e sobretudo mensagens, tão esclarecedoras e importantes pelo seu conteúdo, das quais transcreverei alguns trechos, porque, se foram benéficas a mim, o serão a muitos.

Quando em romagem terrena, vez por outra somos surpreendidos por tempestades e, se não estivermos ao abrigo da força e da coragem, nos sentiremos abalados, e a nossa recomposição, depois, se tornará difícil, porque nós mesmos nos deixamos destruir. Por isso, as palavras de estímulo e encorajamento nos auxiliam e nos recolocam em pé, fortalecendo-nos para outros embates.

As tempestades passam, filha, alguns respingos continuam, mas a atmosfera faz-se mais limpa e a natureza regozija-se com as bênçãos da chuva. No momento em que caem, parece que a estão torturando, mas o benefício que advém, depois, é grande.

Cada planta se encontra, depois da tempestade, mais forte, vigorosa e bela, principalmente a que consegue suportá-la, ser valente e sobreviver a ela. A limpeza que as águas benditas lhe proporcionaram, tirando-lhe os insetos daninhos, a poeira e aumentando-lhe a possibilidade do alimento, foi-lhe muito benéfica.

Assim, o que num momento é mau a uns, aos corações fortes e rijos, aos corações embasados no Evangelho do Pai, é mais fácil. Após a tormenta, cada um adquire não só os louros da experiência bem vencida, mas a couraça de que o espírito necessita para não se deixar abalar por pequenos problemas, uma vez que já passou pela prova maior e conseguiu vencer.

Tudo tem sua razão de ser neste mundo em que vivemos, e nada acontece por acaso! São testes pelos quais temos que passar, para se saber se o que aprendemos ficou em nosso coração.

Mire-se, filha, nos escolares que passam por testes dados por seus mestres! Nós temos o nosso Mestre que constantemente nos testa; não que ele deseje que passemos por provas tão duras, mas é necessário para sabermos se o que a vida nos ensinou, se tudo o que ele nos deixou como meta de vida, foi aprendido por nós.

As provas são difíceis, por vezes, mas os resultados, muito salutares. De cada teste a que somos submetidos, saímos mais fortalecidos, mais evoluídos e melhor preparados para o que a vida ainda nos reserva.

Enquanto encarnados, e é para isso que aqui viemos, temos para nós uma sequência de fatos, de ocorrências, que, muitas vezes, nos apanham de surpresa, nos fazem sofrer, mas, filha, se soubesse o quanto são benéficos para a nossa evolução! Se conseguirmos sair bem-sucedidos, no final de cada teste, de cada prova, os pontos que obteremos na seara do Pai serão numerosos.

De ponto em ponto que vão sendo somados a nosso favor, o nosso espírito vai se purificando, vai se tornando mais leve, descarregando o peso de débitos que trouxe, e a luz que vamos adquirindo vai se fazendo cada vez maior, muito mais do que merecemos. Passa a iluminar não só a nós mesmos, o nosso coração, mas todos aqueles que nos rodeiam e todos os que de nós se achegam.

Como nos encontrávamos no período que antecedia o Natal, muitas das suas mensagens foram alusivas a tão significativa data, recomendando que todos os pensamentos deveriam se comungar, direcionados a um único ser – o maior que aqui veio para nos instruir, para trazer a palavra e os ensinamentos do Pai. Que o nosso coração deveria voltar-se para ele, com pensamentos sublimes de amor, de paz, de fraternidade, de união, principalmente para com a família, que assim o deixaríamos feliz.

Esclarecendo quanto às finalidades da vinda de Jesus à Terra, assim ele se manifestou:

Chegado era o momento em que as Boas-Novas deveriam ser trazidas a todos. Mas a Terra que se presumia, estivesse preparada para receber tão sublimes verdades, não o aceitou, e a maldade dos que não o compreenderam e não queriam perder o poder, pela ignorância em que viviam, não o aceitaram e o imolaram.

Daquela época até hoje, quanto aconteceu, quanto a humanidade cresceu e evoluiu! O coração da maioria já se modificou, muito progresso espiritual foi realizado, mas, quantos se mostram estéreis em recebê-lo, quantos ainda não o aceitam!

A humanidade ainda sofre e mais sofrem aqueles que o têm afastado de si, aqueles que o conhecem mas não o aceitam e, após dois mil anos, ainda existem os que nunca ouviram falar nele!

Dia virá em que todos o conhecerão e o aceitarão. A humanidade estará transformada, as bênçãos do Pai maior recairão sobre todos os Seus filhos, indistintamente, todos as receberão e, com elas, se sentirão cada vez mais estimulados a viver, aqui na Terra, a vida pautada pelos seus ensinamentos. Os corações se encontrarão cheios de virtudes – não mais atos que prejudiquem, não mais ações indignas. Todas as imperfeições estarão alijadas de cada um e, assim, alijadas da face da Terra.

Só reinará a fraternidade e o amor, e a Terra terá atingido o objetivo maior do Pai e do Filho, e todos trabalharão e se sentirão felizes. Neste planeta reinará tanta harmonia e tanta felicidade, tanto amor, que todos pensarão que estão no céu, em vida.

Mas tudo ainda se faz difícil, e o tempo que perdurar a resistência em aceitar os ensinamentos de Jesus, é o tempo que durará o sofrimento na face da Terra.

Aproveitando uma outra oportunidade, ele referiu-se ao trabalho que realizávamos, o que Jesus havia permitido, como mais um veículo importante de expansão da sua palavra de amor, de humildade, de renúncia, de fraternidade, de perdão, sobretudo aos necessitados de progresso, de entendimento, de compreensão.

Mas, para que houvesse maior aceitação dos seus ensinamentos, acrescentou, seria necessário um expurgo de todas as barreiras, para, em seguida, haver um início de modificação interior. Assim, como nem sempre os terrenos se encontram preparados para o plantio e deixam perder as sementes que nele são atiradas, muitos corações humanos não deixam vingar os ensinamentos do Mestre, por se encontrarem estéreis.

No dia 3 de janeiro de 1991, através de nova mensagem, depois de revelar a grande alegria que tomava seu espírito, pelo trabalho que realizava, falou mais intimamente de seus anseios de escritor e das sensações que essa atividade lhe devolvia, trazendo para suas lembranças os momentos em que, como encarnado, tinha a mesma oportunidade.

Dizendo que se sentia como se estivesse em seu gabinete, quando em vida, escrevendo, escrevendo, aproveitando a inspiração que nunca lhe faltou, acrescentou que suas mãos fluíam e os assuntos vinham tão rapidamente à sua mente, que as mãos eram insuficientes para colocá-los no papel.

Somos já espíritos na Pátria Espiritual há um bom tempo e não devemos mais nos apegar nem nos comover com essas recordações, mas elas são muito caras para mim e voltam todas no momento em que aqui compareço para podermos escrever.

Minhas obras sucediam-se umas às outras, as dificuldades para publicação eram grandes, dado o pouco adiantamento gráfico-impressor da época, mas tudo veio a público e minhas obras aí estão para quem quiser lê-las.

O dia em que souber a minha identidade, a identidade que assumi como escritor, em minha última existência, vai compreender tudo isso, filha desvelada e muito amada de ontem e ainda muito amada de hoje.

Compreende o quanto são importantes para mim estes instantes?

Mais importantes se fazem hoje, em que pude

revelar esses segredos a você, segredos de um corpo físico que não deveria mais me preocupar, visto que agora devemos ter nossos pensamentos para a frente e para o alto, em direção ao Pai. Mas as minhas atividades do passado foram muito importantes para mim! Constituíram a minha vida neste plano e é por isso que agora retorno com tanta vontade de novamente escrever. Não que não temos essa oportunidade aqui neste plano onde me encontro, pelo contrário, elas são ainda maiores. Mas o desejo que sinto de novamente ver minhas obras a público, é muito grande – as obras, os assuntos que se divulgam, para que todos os leiam.

Agora, porém, os assuntos serão outros. Terão os ensinamentos, as lições do Pai amado, para que assim, um pouco mais evoluídos do que o éramos, possamos colaborar para que a sua palavra se divulgue, os seus ensinamentos cheguem ao coração de quem tomar conhecimento das obras, seja de forma mais direta, seja através das personagens.

Estaremos ajudando o Pai na sua seara, e é essa a ajuda real e importante que queremos lhe dar: O testemunho da nossa aceitação da sua doutrina, dos seus ensinamentos e da paz que de tudo isso advém.

Futuramente ele faria, em relação à sua obra aqui deixada como encarnado, outras afirmações, demonstrando seus verdadeiros sentimentos em relação a ela, razão maior do seu pedido para retornar com nova obra, e das quais falaremos na ocasião oportuna. Na sequência desta narrativa, na sequência das várias histórias, essa também terá sua vez e virá a seu tempo, esclarecendo o leitor do real motivo de tanto empenho.

Não é necessário dizer o quanto estava curiosa, desde sua primeira manifestação, para saber de quem se tratava, com quem trabalhava, quem me chamava de filha e, mais indícios ele acrescentava, mais curiosa eu ficava.

Não restava dúvidas de que era um espírito que já desenvolvera as atividades de escritor, enquanto encarnado. Mas quem?

Prudente, ele se identificaria somente quando considerasse adequado, para que nenhuma dúvida restasse e, pelo que me afirmou, até para me preservar de brincadeiras e chacotas de algum mais incrédulo e imprevidente.

4

NO DIA 4 de janeiro de 1991, ele começou um novo livro, dizendo que, conforme eu lhe pedira, trabalharíamos com uma história fictícia.

A cada manhã uma pequena parte, até que, após um período de mais ou menos três meses, para a nossa emoção e alegria, o primeiro livro encontrava-se pronto.

Não obstante me tivesse afirmado tratar-se de uma história fictícia, cuja narrativa começava no ano de 1640, com a introdução das personagens e o transcorrer dos acontecimentos, fui percebendo que era verídica.

Os esclarecimentos mais detalhados referindo-se às personagens principais, bem como o objetivo do autor espiritual, ao compor esse livro, fazem parte tanto das palavras do autor quanto dos esclarecimentos finais do romance em questão – *Obrigado, Maria!*

No término desse primeiro trabalho, em grande emoção, esse querido amigo espiritual, que assim já o considerava apesar de ainda não saber a sua identidade, fez-me esclarecimentos, dos quais transcrevo alguns parágrafos:

> Esse trabalho é de muita importância para mim! Lembras-te quando me pediste que uma história fictícia te fosse passada, preocupada com a que havíamos iniciado, e eu, então, te disse: – O que é fictício para vós, encarnados, não o é para nós!
> Nada inventamos no mundo espiritual, que nos é aberto! As nossas histórias, principalmente aqui, têm sempre bases concretas em fatos ocorridos dentro da vida passada aí na Terra!

Diante dessas afirmativas e do que pudera perceber durante o transcurso da narrativa, confirmado por ele próprio, com esclarecimentos mais detalhados ao término do livro, a história era totalmente verídica e de um significado, além de muito importante, de muita ternura para o autor, que a leitura de *Obrigado, Maria*, poderá demonstrar.

Pronto o livro em sua parte mediúnica, restava uma outra muito importante.

Desde que me colocara à disposição dessa entidade imbuída de tanto desejo de trabalhar, percebeu-se, pelas características com que o trabalho era realizado e se apresentava, que eu estava desenvolvendo a psicografia semimecânica. – Segundo Kardec, em *O Livro dos Médiuns*, "o médium semimecânico sente um impulso dado à mão sem que o queira, mas ao mesmo tempo ele tem

consciência do que escreve à medida que as palavras se formam. O pensamento acompanha o ato de escrever."
– E era assim que ocorria.

A rapidez desse ato era grande e muitas palavras nem sempre se apresentavam legíveis, permanecendo indecifráveis a qualquer pessoa que quisesse lê-las, mas, para mim, que as recebia, não tinham tantos segredos. Quando efetuava a leitura do trabalho realizado, contava sempre com a intuição do querido amigo que se fazia presente, mas, ainda assim, bastante tempo levava até que tudo ficasse bem claro.

O trabalho foi se acumulando e, quando o livro terminou, para o seu acabamento, precisava ser recopiado, ou através de uma máquina de escrever ou de um computador.

Esse trabalho alongou-se por um bom período, durante o qual ele se absteve de começar outro livro, porque, além dessa, uma atividade de caráter assistencial estava ocupando grande parte do meu tempo. Para não ficarmos totalmente inativos, quando podia me colocava à sua disposição, e ele me passava alguns contos e mensagens, tanto de cunho evangélico quanto de esclarecimento e orientação.

Oportuno é esclarecer, também, que o seu trabalho não ficou circunscrito à tarefa que trazia.

Eu comecei a perceber, durante a transmissão dos passes na casa espírita, a sua presença mais estreita, auxiliando-me naquela atividade e, vez por outra, tínhamos, também, a sua palavra falada no encerramento dos trabalhos mediúnicos, oportunidade em que ele relembrava ensinamentos evangélicos ou doutrinários, levando a instrução e o conforto a todos os presentes.

Todas as suas mensagens escritas eram dirigidas a mim, como se mantivesse comigo uma conversação, e assim me habituei a chamá-las de *conversa*, alegrando-me sobremaneira quando as recebia.

No dia 27 de abril de 1991, poucos dias após o término do livro *Obrigado, Maria*, tivemos mais uma *conversa* e, não obstante de caráter particular, tem uma amplitude tão extensa e tão benéfica a tantos, cujas fronteiras não podemos limitar. Nunca sabemos o que nos está reservado.

Todos nós, em romagem terrena, conquistamos muitos afetos, e aqueles que são sinceros, profundos e autênticos, não se acabam com a extinção do corpo físico. Quão infelizes seríamos, e quão insignificante seria a nossa vida, se aqueles a quem amamos e nos amam, nos fugissem de vez, com a morte do corpo físico.

Os afetos pertencem ao espírito e, mesmo com as nossas idas e vindas à Terra, permanecem inalteráveis e até se consolidam mais a cada reencontro, seja no mundo espiritual, seja aqui na Terra.

Lá os espíritos se reconhecem e se lembram do que viveram juntos, mas aqui, pela barreira do corpo físico, as recordações não ocorrem com tanta clareza, embora, pela bondade do Pai, haja outros sentimentos que dão o indício de que não é um primeiro encontro.

A simpatia inexplicável que sentimos por alguma pessoa, o bem-estar que sua companhia nos proporciona e as afinidades que existem entre nós, podem ser considerados como o resultado de uma afeição anterior, que

Deus, na Sua bondade, misericórdia e amor, permite cruzar o nosso caminho, para nos dar alento e força e nos auxiliar a suportar as nossas provas.

Igualmente, se reencontramos afetos, também reencontramos desafetos, aqueles que nos prejudicaram ou que os prejudicamos, explicando, muitas vezes, antipatias gratuitas ou problemas que constantemente enfrentamos com algumas pessoas, permitidos, também, pelo Pai, a fim de que os acertos sejam realizados e, de desafetos ou antipatias, transformemo-los em afetos e simpatias.

Entretanto, enlevados com a ternura de reencontros felizes, desses não queremos falar agora, que não fazem parte do objetivo da mensagem em questão.

Se a vida continua depois de concluída uma encarnação terrena, na verdadeira vida que é a do espírito e, se assim ocorre, para a nossa alegria e conforto, os afetos também continuam e um dia poderão se reencontrar.

A morte do corpo não é o vazio, não é o nada, como muitos ainda julgam, mas uma transformação que nos dará a oportunidade de novos recomeços, tantos quantos forem necessários, até que um dia não precisemos mais aqui regressar e seremos felizes, pois já teremos aprendido o significado da palavra amor na sua acepção mais pura e elevada, e teremos em nossa companhia todos os que amamos e nos amam.

Isto posto, vamos à aludida mensagem:

Filha querida, hoje não escreveremos histórias, apenas "conversaremos" um pouco, como tu mesma o dizes.

Sei que te faz feliz! Sei que ao leres as palavras que às vezes te deixo, sentes-te feliz, sentes que elas te trazem alegria e vigor ao teu espírito, esse que nos é muito caro e que sempre queremos amparar.

Dir-te-ei, filha, o mesmo que já disse em relação à personagem principal do nosso livro – Maria: – O nosso espírito é imortal e, embora muitas encarnações tenhamos vivido, não nos esquecemos daqueles que nos foram caros.

Sabes que a posição que ocupamos dentro da família ou da sociedade, numa encarnação, nada tem a ver com a outra. Muitas vezes, hoje somos amigos, amanhã seremos parentes de inimigos do ontem que se fizeram amigos, e assim sucessivamente...

Aqueles que amamos e nos amaram, independente do que representaram para nós, naquela oportunidade, continuam no nosso coração, porque o espírito é que deve ser considerado.

Não importa nem a posição nem a aparência física que tomamos quando encarnados, pois elas são independentes do espírito. Assim, é tão somente o espírito que nos é caro! E sabes, o teu espírito me é muito caro. Já vivemos juntos por diversas vezes, já te disse. Quando te tive como filha, foste para mim muito querida e muito me ajudaste. Um dia saberás!

Defeitos, sempre os temos. Mas os esforços que fazemos para deles nos libertar, é o que importa ao espírito. Os nossos propósitos no bem são sempre amparados pelo nosso Pai Maior, que nos ajuda a concretizá-los, protegendo-nos mais de perto e permitindo que espíritos simpáticos a nós nos auxiliem mais diretamente.

É o que estamos tentando fazer, filha, amparando-te e auxiliando-te nos teus propósitos. Não queremos dizer, com isso, que me faço numa posição espiritual muito superior à tua. És sabedora de que temos vontade de nos melhorar! Acontece, filha, que as posições agora são outras e nos favorecem a que o façamos, com a permissão do Pai. Como espírito liberto do corpo que sou, posso mais amplamente estar contigo, inspirando-te, fortalecendo-te e amparando-te.

O sofrimento é que nos redime de faltas cometidas no nosso passado, às vezes longínquo, mas sabes que nada fica perdido – nem os afetos nem os desafetos. Por isso encarnamos continuamente para progredir, aprender e ressarcir débitos.

Filha querida, já te disse por algumas vezes que muito me ajudaste, e quero revelar-te agora: não foi na minha última existência nem na tua anterior. Tivemos, ambos, algumas encarnações um pouco mais longe, em que vivemos como pai e filha e, como te falei, os afetos não se perdem no tempo e aqui estamos unidos novamente.

(afirmações facilmente comprováveis no livro *Um amor eterno*, já citado e transmitido cerca de cinco anos após.)

Não me vês mas me sentes, o que é importante para o espírito. Trabalhamos juntos, o que me dá muito prazer, e estou empenhado, agora, nessa tarefa que me foi permitido realizar.

Perguntas, filha, como comecei a procurar-te e como sabia que te encontraria em condições de atender-me, e eu te direi:

Quando essa disposição de escrever de forma mediúnica me foi permitida, foi-me indicado que eu poderia procurar, que encontraria um afeto antigo que certamente me atenderia, pois teria condições de fazê-lo.

Não sabia, filha, quem encontraria, até que me foi possível encontrar-te com a ajuda de amigos espirituais. Quando reconheci que eras tu, a filha de outrora, que teria condições de me ajudar, a emoção tomou-me e eu chorei de alegria.

Os nossos afetos, às vezes, se distanciam de nós por necessidades reencarnatórias, e ficamos afastados por muito tempo. Mas, quando nos encontramos, é uma alegria indizível. Tu não tens, como encarnada, condições de avaliar como tudo isso se passa. Um dia saberás!

Por mais te alegres pela tarefa que vimos realizando, e por saberes que quem está trabalhando contigo é um pai de ontem, não podes avaliar a alegria que senti, pois aqui, como te disse, o mundo espiritual é aberto a nós e abrangemos muitas encarnações. Os nossos queridos continuam no nosso coração e o afeto é o mesmo, sem barreiras que a carne impõe. Por isso, filha, o carinho que tenho para contigo é muito grande, podes ter certeza.

Estaremos juntos pelo tempo que Deus nos permitir continuar a nossa tarefa, da forma que sabemos e da forma que podes, e isso, por ora, será a nossa felicidade. Quando souberes quem sou, não sei se te alegrarás, não sei se te entristecerás.

Pode ser que eu te decepcione, mas saibas, seja eu quem fui, seja eu quem sou agora, falo-te como aquele pai que muito te amou e muito te ama. Teu pai de outrora, que sempre estará contigo e sempre pede a Deus por ti.

XXX

No dia 25 de maio do mesmo ano, enquanto eu ainda me ocupava do nosso primeiro livro, ele passou-me outra mensagem muito carinhosa em relação a esse trabalho, demonstrando a especial ternura que lhe dispensava, não só como um primeiro livro que se completava, mas, muito mais, pelo seu significado mais íntimo para a sua vida de espírito imortal.

Embora a nossa tarefa tenha se completado de forma mediúnica, ainda não está pronta, e sei, o trabalho é grande. Todavia, sabe que estou sempre em sua companhia, como se estivesse a ninar e embalar um filhinho muito querido.

Você entende, filha? Um livro é uma criação como um filhinho que vem à luz, por isso estou também, como você, cuidando dele. Sinto as horas de cansaço que dedica aos seus cuidados, e agradeço muito por isso.

Mas, como aquele filho que muito amamos e que nos traz alegrias, num futuro próximo, eu lhe garanto, esse filho que não é só meu, também lhe trará alegrias.

Cuide bem dele com carinho, que ele próprio lhe retribuirá em bênçãos, o agradecimento desse pai que, no momento, ainda com resquícios da vida terrena, está se sentindo vaidoso. – Não interprete como a vaidade no mau sentido! – Ainda é, talvez, aquela vaidade de escritor, ao ver seu livro pronto, ou ainda, recordando o nosso próprio Carlos[2], a vaidade e a alegria que ele sentiu ao ter nas mãos o seu primeiro livro.

Você também a sentirá quando o tomar em suas mãos, e saberá o que é isso, embora diga que o livro não é seu; mas, não fosse você, ele não existiria.

Por isso, filha muito amada, mais uma vez lhe digo: – Obrigado, mil vezes, obrigado!

Que Deus a abençoe sempre, e saiba que estou em sua companhia em todos os momentos de sua vida, você o sente, e pensa até que me mudei para

---

2. Personagem de *Obrigado, Maria* – (Ele próprio na primeira oportunidade em que, como escritor, teve seus livros publicados.) – (Nota da médium)

cá! Os espíritos locomovem-se com tanta facilidade e rapidez que sempre aqui estamos, sem que, com isso, deixemos os nossos afazeres do mundo espiritual, e saiba que os temos, como vocês os têm aqui.

Essa última afirmativa relacionada às suas obrigações no mundo espiritual, poder ser verificada no livro *Um amor eterno* – II parte. Ao lhe ser concedida autorização para que viesse realizar esse trabalho, foi-lhe recomendado que suas tarefas, no mundo espiritual, não fossem interrompidas. Quando chegarmos à história da composição desse livro, muito mais detalhes e informações trarão outros esclarecimentos. Por ora, vez por outra é necessário que o citemos, porque, na revisão de todo esse trabalho, alguns pontos nos surpreendem pela comprovação que tivemos cerca de cinco anos mais tarde, quando o referido livro nos foi passado.

Três dias após a mensagem cujos trechos reproduzimos acima, recebemos outra, desta vez de cunho evangélico, falando da caridade.

Ainda que todos nós saibamos o seu valor e o lugar que ocupa na hierarquia das virtudes, quase sempre nos esquecemos de praticá-la. Por isso, nunca é demais falarmos sobre ela, pois nunca esgotaremos suas possibilidades. Estaremos, desse modo, ajudando a todos e a nós mesmos, a fazer com que a mais excelsa das virtudes vá se integrando ao nosso espírito e participe de todas as nossas ações diárias.

Referindo-nos à caridade, nosso pensamento se re-

54 | WANDA A. CANUTTI

porta a Kardec, quando, para seus comentários transcreve, em *O Evangelho segundo o Espiritismo*, as palavras de Paulo, na Primeira Epístola aos Coríntios:

> Se eu falar a língua dos anjos: se tiver o dom da profecia e penetrar todos os mistérios; se tiver toda a fé possível, a ponto de transportar montanhas, mas não tiver caridade, nada sou. Entre essas três virtudes: a fé, a esperança e a caridade, a mais excelente é a caridade.

Quanto à aludida mensagem de Eça, reproduziremos alguns trechos, por considerá-los de grande importância:

> A caridade é a mãe de todas as virtudes. Ela deve pautar o nosso dia a dia, primeiro em favor daqueles que estão ao nosso redor, depois, daqueles que se encontram mais afastados.
>
> A caridade não é só a migalha que distribuímos! Essa é muito fácil e a de menor valor!
>
> A caridade que agrada a Deus e que Jesus nos ensinou, é aquela que dispensamos aos necessitados que nos rodeiam, sedentos de uma palavra amiga. Quanto maior for a necessidade, maior será o valor da caridade em favor de um infeliz que está a nosso lado.
>
> A palavra amiga é caridade!
>
> O gesto fraterno é caridade!
>
> A compreensão é caridade!

O sorriso é caridade!

A mão amiga é caridade!

A caridade apresenta-se sob mil facetas! Todavia, a que devemos dispensar àqueles, que não só necessitam de nós, mas aos que nos ofendem, é a maior que podemos praticar, é a que se chama PERDÃO!

É através do perdão que sublimamos o nosso espírito!

5

QUANDO CONCLUÍ A parte que me competia do primeiro livro – *Obrigado, Maria!* – e o segundo romance havia sido iniciado em 4 de junho de 1991, ele transmitiu-me, através da escrita, no dia 11 de julho, palavras que demonstravam a sua alegria e a sua gratidão pelo trabalho que se completava. Dizendo que nos esclarecimentos finais estava a parte que os leitores mais gostariam, pois justificava tudo o que ele havia colocado no livro, explicava que, ao saberem que Maria não havia sido uma personagem criada, inventada, mas alguém de carne e osso que vivera uma vida exemplar como a que ela havia vivido, apoiar-se-iam nela e ficariam felizes. O efeito seria muito mais salutar.

E, alertando-me para que eu não alimentasse tantas ilusões quanto à facilidade e rapidez de publicação, aduziu:

Filha querida, a publicação, o sabes, não é fácil nem imediata, como é o nosso desejo.

Sinto-te como eu próprio nas minhas andanças, as andanças de Carlos, ao querer ver seu livro publicado o mais rápido possível. Mas, como viste, o tempo passou e o dia chegou, como chegará também o dia em que verás o nosso livro à luz, prontinho em tuas mãos.

Não te preocupes! Os livros são produções humanas que ficam para a posteridade e, cada um que compusermos permanecerá por longo tempo, muito tempo além de nós próprios, como seres encarnados.

É por isso, filha, que de onde me encontro agora, posso visualizar todos os livros que já escrevi em minhas várias encarnações. Eles são perenes, nós somos passageiros como encarnados. Não te esqueças, porém, de que escrevemos para o espírito! É ele que deve evoluir, é nele que estamos interessados, por isso, os livros ficarão e nós partiremos! Não importa, é esse mesmo o nosso objetivo!

Mais adiante ele voltou a mencionar um ponto para o qual eu me encontrava em grande expectativa:

Sei da tua ansiedade pela minha identificação! Não fiques mais ansiosa que o necessário! A hora certa está muito próxima e tudo já se encontra preparado.

Quando teu pensamento estiver desligado dessa preocupação, eis que saberás quem sou!

HISTÓRIA DE MUITAS HISTÓRIAS | 59

Não ligues teu pensamento a tantos nomes da literatura!

Neste ponto eu devo interromper um pouco a sua palavra para um esclarecimento, confirmando o que ele asseverara, e narrar um fato de muita importância e significado. Sabendo de que se tratava de alguém que havia sido, como encarnado, um escritor, eu não podia evitar de pensar em todos os nomes que conhecia dos meus estudos de literatura, e assim passava constantemente por diversos escritores nacionais do século passado, sobretudo os românticos e os realistas, lembrando, também, alguns mais conhecidos da literatura alemã e francesa, bem como alguns românticos da literatura portuguesa, estudando, em cada um, a possibilidade de ser a querida entidade com quem trabalhava.

Estranho é admitir que, por mais nomes eu houvesse trazido para as minhas lembranças, consultado livros lendo biografias, nunca, nem uma vez sequer, eu havia pensado no nome desse meu querido pai de ontem, amigo de hoje e irmão de sempre, como eu carinhosamente o chamava antes da sua identificação.

Ainda no mês de julho, numa madrugada em que eu permanecia acordada, à semelhança do que havia acontecido com o nome Getúlio Vargas, um outro nome foi atirado em minha mente, mas desta vez com uma intensidade muito maior, ao mesmo tempo que uma descarga de fluidos, que eu não consegui identificar o que seria, provocou-me como que um choque em todo o corpo, e um frêmito percorreu-o da cabeça aos pés e desses à cabeça, rapidamente, por diversas vezes. Não preciso dizer o quanto tais sensações assustaram-me. O fenômeno era inusitado, mas o importante foi o nome que ficou – EÇA DE QUEIRÓS! Certa vez, através de uma mensagem, ele falou-me que, ao saber quem ele era, certamente me espantaria, não que ele tivesse sido uma grande personalidade no mundo das letras, mas eu diria: – Pensei em tantos, como não pude pensar neste? Realmente, eu nunca havia me lembrado dele, não sei por quê. Talvez ele próprio tivesse preservado seu nome, a fim de que nenhuma ideia preconcebida ou outra influenciação qualquer participasse daquele momento, interferindo na pureza de seu significado.

Deveria ter sido a hora certa e a forma mais adequada encontrada por ele para se revelar. Estando o primeiro livro pronto, como procurar publicação se nem a identidade do autor espiritual eu possuía?

Aquele nome permaneceu em meu pensamento em todos os instantes, carregado de todas as sensações que trouxera consigo, no momento da revelação, e eu o tinha como certo para identificar o querido amigo com quem trabalhava todas as manhãs, o querido pai de outras existências, que me tratava com tanto carinho e gratidão.

Mesmo tendo a íntima certeza, o meu espírito, um tanto cético, aguardava ainda mais alguma outra situação, algum fato novo que me confirmasse se tratar mesmo de Eça de Queirós e, enquanto isso, o livro continuava parado. Essa deve ter sido, talvez, uma das razões dele não ter revelado seu nome logo no início da sua chegada.

Dias após esse acontecimento, quando ele passou-me a mensagem da qual transcrevi alguns trechos acima e interrompi para estas explicações, ele, como que a corroborar o que havia me passado em forma de forte intuição, continuou, dizendo-me:

> Não posso mais dizer que não tenhas pensado em mim com o meu próprio nome, o nome que te revelarei! Sabedora és que outras encarnações tivemos como escritor, mas, no momento, revelar-te-ei uma, é o nome que irá permanecer nas nossas obras. Isto não quer dizer que algum dia eu não possa trazer-te algum nome que tive em outras encarnações.

Estas últimas afirmativas deram-me a certeza de que ainda algo mais ele preparava em relação à sua identidade, e eu passei a aguardar.

Antes de prosseguir na narrativa, na ordem cronológica dos fatos, preciso voltar há algum tempo atrás, para falar de um outro acontecimento.

Por ocasião da primeira manifestação psicofônica de Eça de Queirós, no Centro Assistencial "Batuíra", ao qual eu estava ligada, trabalhadores de boa vontade, vinculados a outra casa espírita desta cidade, onde realizavam, há alguns anos, um trabalho de tratamento para

pessoas envolvidas por processos obsessivos, reuniam-
-se para uma iniciativa de muito valor.

Com a intenção de poder desenvolver suas atividades com mais liberdade e eficiência, ampliando as possibilidades de atendimento, esse grupo de trabalhadores,
sob a liderança de minha irmã que instalara e coordena-
va o referido trabalho, e, sob a orientação do mentor espiritual responsável por ele, empenhava-se, em constantes reuniões, para a fundação de uma outra casa, expan-
dindo ainda mais os focos de luz e conforto espiritual de
que todos nós necessitamos.

Quando a nova casa estava instalada e funcionando
regularmente, minha irmã convidou-me para participar
das reuniões mediúnicas de desobsessão, que integra-
vam o aludido tratamento.

Como não se deve recusar oportunidades, eu aceitei
com alegria, sem que minhas atividades, na outra casa,
fossem prejudicadas.

Concomitantemente, eu ia desenvolvendo a minha tarefa em casa, como o exposto até aqui, e aguardava, do autor espiritual com o qual trabalhava, mais algum fato que
viesse confirmar, de forma contundente, o que eu tinha
como certo, mas cujo nome eu ainda não colocara no livro.

Numa noite, 24 de julho de 1991, praticamente um
ano depois da primeira manifestação psicofônica de Eça
de Queirós, eu recebi a visita de um jovem, companheiro do grupo mediúnico do qual eu passara a participar,
amigo da família e frequentador da nossa casa desde há
muitos anos, médium de excelsas e múltiplas possibilidades, e que estava a par desse trabalho que eu realizava.

Nossa conversação girava em torno das nossas atividades na casa espírita e do meu trabalho de escrita, em particular. A certa altura, ele, sentindo a presença espiritual da querida entidade com quem eu trabalhava, e ouvindo o que ele lhe dizia, falou-me:

– Seu pai espiritual aqui está e quer conversar com você, por meu intermédio!

A emoção e ansiedade que senti, são inenarráveis! Lembro-me apenas de que lhe pedi que consentisse e se colocasse à sua disposição.

Procuramos, nós dois, preparar um ambiente favorável e, em poucos instantes, eu tinha, para a minha alegria, a palavra terna e carinhosa desse querido pai, transmitindo-me palavras de reconhecimento, de estímulo e de muito afeto.

Quando o assunto principal foi ventilado – a questão da sua identificação – ele indagou-me se eu não tinha nenhum indício de quem seria ele.

Respondendo que tinha para comigo a certeza de um nome que permanecia muito forte em mim, ele pediu-me:

– Coloque-o!

– Posso? – indaguei ansiosa.

Ao seu assentimento, eu exclamei, com a voz trêmula pela emoção: – EÇA DE QUEIRÓS!

Lembro-me de que ele, através do médium, esboçou um sorriso de satisfação e vitória, confirmando, ao mesmo tempo em que falou apenas:

– Correto!

Depois de uma pausa, acrescentou:

64 | WANDA A. CANUTTI

– Se assim não o fizesse, o livro ficaria fechado na gaveta!

Lembro-me, também, de que, na ocasião, ele esclareceu que, apesar de ter tido outras encarnações como escritor, aquela, cujo nome me passara, havia sido a mais significativa. Confirmou o que me transmitira por diversas vezes, através de mensagens escritas, que eu fora sua filha por algumas encarnações, e demonstrou sua imensa gratidão pelo que eu realizava para auxiliá-lo.

Depois de algumas rápidas considerações sobre o livro pronto, principalmente sobre a personagem Maria, ele fez referências aos ensinamentos de Jesus, ao esforço que devemos fazer para integrá-los ao nosso espírito e despediu-se, prometendo que, sempre que lhe fosse possível e permitido, teríamos outras oportunidades daquele contato mais estreito, em que ele se sentia momentaneamente encarnado, não para falarmos sobre o trabalho que realizávamos, pois tínhamos o nosso momento para isso, mas para o nosso lazer espiritual.

Na manhã imediata, ao invés de prosseguir na transmissão do livro do qual nos ocupávamos, ele passou-me uma mensagem de muito significado, que transcrevo na íntegra.

Depois de pedir as bênçãos de Jesus para o nosso trabalho, como o fazia diariamente, ele iniciou o que pretendia:

> Filha amada, hoje é dia, para mim, de muita alegria. Tudo já está aclarado a ti!
> Espero que nenhuma dúvida reste mais quan-

to à minha identidade. Terminaram as suposições, as conjeturas e os anseios. Tudo chega a um fim, que poderia ter chegado antes, bastava que tivesses interpretado o que já havia te passado. Mas foi muito bom que assim ocorresse, era necessário, para que agora possas caminhar com mais segurança sobre as tuas próprias intuições.

A alegria se faz no meu coração e sinto que também no teu! Caminhamos juntos, agora, sem mais segredos, por tanto tempo quanto Deus nos permitir, trabalhando sempre e cada vez mais, para que, como te disse, muitos filhos teus possam espargir pelos caminhos que percorrerem, as bênçãos do conhecimento, da paz, da força, da coragem e também as revelações, para aqueles que ainda necessitarem, do mundo espiritual, deste mundo onde ora vivemos.

Obrigado por tanto carinho que demonstraste para comigo, ontem! Obrigado por tudo o que tens feito por mim!

Sabes, filha, o nosso trabalho será grande, muito tenho para nós ambos e muito vamos realizar! É isso que me dá forças para sempre continuar a te amparar no que me for permitido, para que nunca nada nos interrompa, nunca nada interfira nesse trabalho que se constitui, nesse momento, a razão para o meu espírito!

Há muito ansiava por realizar um trabalho dessa natureza, mas tudo é difícil. Não pense que fazemos o que desejamos, no momento em que desejamos! Também nos submetemos a ordens e eu, de há muito, fizera esse pedido e aguardava um atendimento, até que ele chegou para a minha alegria.

(essa afirmativa pode ser constatada tanto em *Getúlio Vargas em dois mundos*, quanto em *Um amor eterno - II parte*.)

Quando fui informado, conforme já te passei, que encontraria um afeto antigo que poderia atender-me, e teria as condições para que esse trabalho fosse realizado, quando me deparei contigo, filha, podes imaginar a alegria que me tomou?

Fiquei feliz duas vezes: quando me permitiram a realização do trabalho, e quando me reservaram para ele, tu, que és e já foste muito querida ao meu espírito!

Estou muito feliz, pois a nossa tarefa está se desenrolando da forma que desejava, da forma que queria. Trabalharemos muito! Tenho, já, muitos livros prontos, e cada um tratando de assuntos espirituais, do Evangelho de Jesus, de modo diferente, para que sempre o interesse em lê-los esteja presente. É assim que deve ser, pois desejo continuar ainda por muito tempo!

A minha alegria é muito grande, o meu coração está exultante. O passado se une para uma tarefa benéfica e tão santificante! O passado que estava tão perdido no tempo, retorna! Não que dele houvesse esquecido pois, como te disse, na vida espiritual abarcamos, de uma só vez, tudo o que já vivemos, tudo o que passamos. A vida espiritual é-nos aberta, filha, e a satisfação de trabalhar contigo é muito grande.

Hoje não poderíamos continuar a falar do nosso livro, pois esses detalhes deveriam ser lembrados mais uma vez, para que a certeza ficasse mais firme dentro de ti. A certeza do que conversamos ontem, a autenticidade de minhas palavras, podes comprovar, se quiseres, em relação à minha pessoa, cujo nome te passei, o meu querido nome que usei naquela oportunidade e que ficou perpetuado em minhas obras, dentro não só da literatura portuguesa mas da literatura universal, o meu querido nome – Eça de Queirós!

É esse, filha, o nome com o qual assinarei os livros, é o nome com que assinarei os escritos daqui para a frente! Não tenhas receio, é esse o mais autêntico dos nomes que já te passei!

Eça de Queirós, filha.

Eça de Queirós.

Eça de Queirós, aquele que te ama muito e te será eternamente agradecido por tudo o que vens fazendo para mim, para a minha alegria, para a nossa alegria!

Mais uma vez te digo, não tenhas dúvidas e sei que não as tem!

Deste pai que te abençoa, que pede sempre a
Deus por ti, e que agora, ao se despedir, deixará apenas,

Eça

Antes de ingressar na narrativa decorrente da nova
obrigação que a tarefa me impunha, ou seja, procurar a
publicação para o livro recém-pronto, percorrendo os
meandros das dificuldades que traria em si, cabe-me re-
cordar um fato que vem ratificar a autenticidade do autor espiritual em questão.

No início da nossa tarefa, quando ele começou, para o
meu treinamento, a me passar histórias, muitas vezes, no
desenvolvimento das mesmas, ele se utilizava da expressão – *eis que* – imprimindo à narrativa maior expressivida-
de e um cunho de surpresa, pelo inesperado introduzido
imediatamente após, o que me agradava sobremaneira,
por ser estranha à minha própria forma de escrever.

Intuitivamente ele me dizia que, no momento em
que eu soubesse da sua identidade, essa expressão seria,
entre outros indícios, uma confirmação a mais.

Dois ou três dias após o episódio da identificação,
acima descrito, ao regressar de uma pequena viagem a
uma cidade próxima, – Ribeirão Preto – e tendo um
compromisso logo a seguir, na casa espírita que dirigia,
minha irmã, saindo apressada, deixou sobre a mesa da
sala um pequeno pacote dizendo-me: – Comprei um livro de Eça de Queirós! – sem, contudo, revelar seu título.

Conhecedora que era de seus romances por haver lido

alguns, enquanto estudante ou mesmo depois, e por havê-los indicado a alunos, mais tarde, para leitura e confecção de trabalhos, ilustrando os estudos de literatura portuguesa, tinha todos os seus nomes em minha memória.

Imediatamente fui em busca do livro e, ao pegar o pacote, antes de abri-lo, falei, impelida não sei por quê, como se dissesse a alguém: – *A ilustre casa de Ramires*! Qual não foi minha surpresa ao me deparar com o volume nas mãos, pois se tratava do mesmo que eu, inexplicavelmente, pronunciara o nome.

Imediatamente, curvei o livro e corri o polegar pela borda das folhas, fazendo-as passar rapidamente, folheando-as e, de repente, parei em uma delas, ao acaso, e abri o livro. Ao "acaso", fixei meus olhos em um dos parágrafos da página do lado direito e comecei a lê-lo, esquecida do que ele me dissera.

Após a leitura de umas poucas linhas, entretanto, surpreendentemente, encontrei o – *eis que* – lembrando, de imediato, o que ele me afirmara.

Hoje, passados alguns anos desse acontecimento, e desejando documentá-lo com precisão, precisei tomar o livro e percorrer cuidadosamente muitas páginas, no ponto que a minha memória fotográfica retivera, para encontrá-lo.[3]

Não é necessário dizer que ele se fazia presente, naquele momento, e ajudou-me, tanto na identificação do nome do livro, como na surpresa do – *eis que*.

---

3. *A ilustre casa de Ramires* – Eça de Queirós – Vila Rica Editora, de Belo Horizonte – 1990 – pág. 133 – 7ª linha do parágrafo iniciado na página anterior.

II PARTE

PRIMEIRAS
PREOCUPAÇÕES

1

DIANTE DE TODA a comprovação que tinha em mãos e da certeza que meu coração abrigava, o que me restava fazer, senão procurar dar um caminho ao livro pronto?

Ele fora trazido do mundo espiritual, se tornara realidade concreta para nós, encarnados, e deveria cumprir sua missão.

Ah, quão importante é a missão de um livro criado com as mais nobres intenções! Sua amplitude de possibilidades é tão extensa que ninguém pode prever, e era o que esperávamos, acontecesse, que para isso fora criado. Desprender-se-ia de nossas mãos e, qual filho preparado para enfrentar a vida fora do lar, alçaria voos imprevisíveis.

Penetraria em cada lar que por ele se interessasse, passaria pelas mãos de quem quisesse lê-lo, e deixaria, a cada um, através da vida das personagens, além da recreação sadia e bem-intencionada, ensinamentos, orientações e exemplos dignificantes, sempre valiosos a quem se encontra em busca da sua evolução espiritual.

Porém, como o próprio Eça havia me preparado, não seria fácil.

Estava frequentando a Sociedade Espírita Kardecista "O Consolador", de cujos trabalhos passei a participar, e cuja presidência estava sob a responsabilidade de minha irmã, um casal de sua amizade, da cidade de São Paulo. Sempre que por aqui estavam, em visita a familiares que residiam numa cidade vizinha, aproveitavam para participar de alguma reunião de explanação evangélica e passes que a casa oferecia.

Ele, o senhor Amélio Fabrão Fabro Filho, era ligado, em São Paulo, ao movimento de divulgação do livro espírita e, tomando conhecimento, através de minha irmã, do trabalho que eu realizava, interessou-se por ele e levou o livro para ler, com a promessa de passá-lo, após, a outras pessoas integrantes do mesmo movimento, para que fosse avaliado, inclusive a uma pessoa que poderia decidir sobre a sua publicação.

Enquanto eu aguardava, o meu trabalho ia se desenvolvendo, e o segundo livro *Mariana ou Marie Anne?* – ficou completo em sua parte mediúnica, em 11 de setembro de 1991. Para não deixar que o trabalho se acumulasse, como havia acontecido com o primeiro livro, habituei-me a passar diariamente num computador que adquiri, o que ia recebendo. Faltava-me, pois, somente uma última leitura mais cuidadosa e imprimir uma cópia.

Como era hábito de meu pai espiritual, interrompendo, às vezes, o romance do qual nos ocupávamos, ele transmitia-me mensagens de estímulo, encorajamento e orientação, porque, como encarnados, estamos sempre sujeitos às vicissitudes que a vida nos impõe.

Devo dizer que sempre suas palavras encorajavam-me, fortaleciam-me, transmitindo-me novo vigor, e a alegria e a esperança retornavam, o que continua acontecendo até hoje. Sabemos que ninguém está só e que nós mesmos, pelas imperfeições que ainda abrigamos em nosso espírito, sofremos e fazemos sofrer, não só os que conosco convivem neste orbe de tantos dissabores e aflições, mas os amigos do mundo espiritual que nos amam e têm o encargo de nos proteger e auxiliar. Contudo, nem sempre temos esse conhecimento e, se o temos, para ele não atentamos.

Aqueles, porém, que possuem, para seu conforto, estímulo e esperança, a certeza do auxílio e da proteção de algum ente querido do passado que os ama e está sempre consigo, de quem sentem a presença benéfica e consoladora embora não o vejam, podem considerar-se felizes e agraciados pela misericórdia do Pai.

Não que esses sejam escolhidos, não, que o Pai não escolhe ninguém para a sua seara de amor, esquecendo-se dos outros, que todos contam com o Seu auxílio e a Sua proteção, por intermédio daqueles que os auxiliam mais de perto. Mas aos que eles são mais manifestos, devem ser mais necessitados e mais devedores, para os terem sempre junto a si. E, assim, como os alunos que não conseguem acompanhar bem as lições do mestre, precisam de reforço, Deus, na Sua misericórdia e amor, lhes dá o reforço do acréscimo das tarefas, mas lhes dá, também, a vigilância constante do mestre para que as tarefas sejam bem cumpridas.

76 | Wanda A. Canutti

No dia em que o segundo livro terminaria, antes de passar-me as cenas finais, ele me disse, em mensagem escrita:

> Vamos, filha, plantando, plantando e, um dia, a plantação estará pronta com o alimento que saciará a fome de conhecimento de muitos, e com as ervas que servirão de medicamento a outros tantos. Levaremos o medicamento do bom ânimo, da coragem, do estímulo, da resignação, da humildade e teremos, também, o remédio para o remorso. Muitos medicamentos distribuiremos, mas flores perfumadas os acompanharão – as flores do amor, as flores da dedicação fraterna, as flores do entendimento!...
> Nenhuma só das nossas plantinhas se perderá, pois todas têm a sua finalidade. E, um dia, terminada a plantação, nos encontraremos em outro plano, para a colheita espiritual que o Pai reserva àqueles que daqui partem, tendo cumprido as suas tarefas e tendo trabalhado na divulgação da palavra de Jesus.

Interessante é aqui relatar que, durante a transmissão desse trabalho que terminava, um fenômeno diferente começou a ocorrer, auxiliando sobremaneira a recepção do assunto que ele me passava.

Inexplicavelmente, comecei a ter conhecimento, com antecipação, da sequência do assunto, tendo, em algumas ocasiões, a visão mental de toda a cena de momentos importantes e decisivos do transcurso da história.

A primeira vez que ocorreu, foi de forma bem simples, relativa ao nome da sua personagem principal, e até me fez pensar que eu estivesse interferindo com a minha vontade, inconscientemente, mas tive a comprovação, depois, de que estava correto, dentro do que ele havia programado como assunto principal – a reencarnação e a repetição do mesmo nome que se transformou no título do livro – *Mariana ou Marie Anne?*

Com o passar do tempo, esse fenômeno foi se intensificando, e eu via, serena e inexplicavelmente, o que ele desejava transmitir-me. De outras, era uma intuição repentina e inesperada do que iria acontecer mais adiante, ou até como o livro terminaria, surpreendendo-me, sem que eu soubesse os caminhos que seriam percorridos para se chegar àquele ponto. Mas, em ambos os casos, ocorria sempre em horas afastadas dos momentos em que nos reuníamos para trabalhar.

Depois de completo o trabalho no computador e feita a impressão, Eça, entusiasmado, esperançoso e feliz, no dia seguinte, 28 de setembro de 1991, passou-me as seguintes palavras utilizando-se de imagens:

> Logo esse nosso filho se desprenderá de ti completamente! O cordão umbilical será cortado e ele caminhará sozinho, feliz, mudo, mas dizendo muito, muito mais que qualquer palavra falada poderá dizer.
>
> A palavra falada nem sempre permanece, cai

no esquecimento e, por mais procuremos recordá-la, nem sempre conseguimos. Mas a palavra escrita é eterna e está à disposição a todo o momento, para quem quiser consultá-la.

Esse livro trata de pontos importantes para o nosso conhecimento e as nossas reflexões. Fala da vaidade e do orgulho, como pontos de honra para algumas das personagens, mas fala também das virtudes. Mostra-nos as verdades do mundo espiritual, tanto aos que viveram imersos nas ilusões e quimeras passageiras da Terra, ancorados no pedestal do orgulho, quanto àqueles que tiveram uma vida exercitando as virtudes dentro da convivência diária, conquistando méritos para o seu espírito.

Tem como tema central a reencarnação com as tramas que envolvem uns aos outros, dentro das necessidades de resgates e aprimoramento espiritual.

Enquanto eu chegava à finalização desse trabalho, na parte que só a mim competia, o terceiro livro ia se desenvolvendo. E, conforme os objetivos do autor espiritual, era completamente diferente dos dois anteriores, para que uma extensa gama de informações fosse sendo transmitida àqueles que nada sabem e nada conhecem da doutrina, constituindo-se, cada um, num repositório de interesses novos, despertando, também, no leitor, o empenho para a aquisição de novos conhecimentos.

Esse romance, concluído em 23 de novembro de 1991, e que recebeu o título de *A camponesa da casa de pedra*, trata de espíritos extremamente ligados aos bens terrenos, dos quais não conseguem desprender-se ao deixarem o corpo físico. Permanecem, pela ignorância e apego exagerados, resultantes do egoísmo e do orgulho, perturbando aqueles que deles passam a usufruir, causando-lhes muitos problemas.

A narrativa trazia em si um certo suspense, despertando em mim grande curiosidade, enquanto não tinha a antecipação dos acontecimentos.

Importante de se notar, também, é a época em que se passa a história, quando os conhecimentos espirituais veiculados pela doutrina espírita, florescente na França, estavam longe de ter acolhida na Inglaterra, sobretudo no interior do país, onde os acontecimentos se desenrolavam, e as manifestações decorrentes dos dons mediúnicos eram consideradas prenúncio de insanidade mental dos seus portadores.

Logo após, o quarto livro foi iniciado e, desta vez, a história se passava no Brasil, numa época mais recente – 1950 – e teve, como tema central, as atividades de um centro espírita, com a narrativa de todo o auxílio que presta, quando é dirigido por alguém dedicado e de boa vontade e que demonstra, por meio do seu trabalho, a preocupação em servir, esclarecendo, orientando e auxiliando mentes descrentes mas necessitadas, a assumirem novas posturas.

Foco de luz é seu nome, pois, de cada centro espírita, focos de luz são espargidos em todas as direções e, para sermos atingidos por todo o bem que sua luz pode nos proporcionar, basta que queiramos nos colocar na direção de um deles.

É um livro importante, sobretudo aos principiantes

da doutrina que não sabem o que se passa dentro de um centro espírita. Traz esclarecimentos sobre situações nas quais muitas pessoas se veem imersas sem saber o que está acontecendo consigo, e que podem ocorrer a qualquer um, como a obsessão, apenas para citar um exemplo. Mostra como ocorre, porque ocorre e como é tratada, proporcionando aos necessitados a devolução do bem-estar e novas esperanças de vida.

Eça, em referência ao conteúdo desse livro, e, consequentemente, aos centros espíritas, afirmou:

> O centro espírita é o local abençoado onde muitos saciam a sua sede de paz, de refazimento espiritual e físico.
>
> É o local onde a palavra de Jesus lhes leva o alento e a esperança; é o local onde irmãos infelizes do mundo espiritual podem receber um pouco de instrução, de conhecimento, e um encaminhamento para que se esqueçam do mal e voltem-se para o bem, e para que aqueles que nada sabem da sua situação, tomem um rumo adequado.
>
> O centro espírita é, na Terra, o oásis abençoado que tem a água fresca e a sombra para tanto sofrimento, é o local onde a instrução evangélica se faz, é onde tantos, também, podem prestar o seu trabalho para a sua própria redenção.

Depois daquela primeira vez em que Eça se manifestou através da inconsciência mediúnica do amigo e companheiro já referido, algumas poucas vezes mais tivemos a mesma oportunidade.

Em uma delas, ele, tendo tido permissão, conforme me afirmou, relatou-me alguns fatos de uma das existências que tivemos como pai e filha, em Munique, Alemanha, durante a qual ele fora testado por episódios dolorosos para o seu espírito sensível de escritor, em decorrência da difícil convivência familiar. Revelou-me, ainda, que eu era a única pessoa da família que lhe dava apoio e o ajudava a suportar situações de muita humilhação e constrangimento, mas que, infelizmente, para a sua maior tristeza e desdita, eu, tendo nascido com problemas de saúde, deixara-o muito cedo, aumentando o sofrimento da solidão a que se via confinado dentro do próprio lar.

Passados alguns anos, esse mesmo relato, com todos os detalhes e participantes, fez parte da narrativa do livro *Um amor eterno* – II parte, já algumas vezes citado.

O livro que nosso amigo havia levado a São Paulo já fora lido por diversas pessoas que gostaram da história, porém, dentre elas, algumas não creram ter sido transmitido por Eça de Queirós, justamente pela diferença de estilo.

Apesar de esperada, tal avaliação abalou-me, tanto por eu estar convicta da sua identidade, quanto por antever, talvez, as dificuldades que teria em relação a esse trabalho. E o autor espiritual, percebendo, em uma mensagem datada de 22 de fevereiro de 1992, entre outros assuntos, abordou esse, relacionando-o com a tarefa que realizávamos como um todo, referindo-se, também, às esperanças que abrigava em relação a ela, o que me ajudou e me estimulou a prosseguir. Não é diante do primeiro empecilho que devemos nos deixar abater.

Quando na vida espiritual, filha, e que juntos, se Deus nos permitir, com um único olhar abarcaremos todo esse trabalho, e não só o trabalho em si, mas teremos condições de avaliar o quanto cada livro, cada ensinamento neles contido, está fazendo bem a quem os lê.

É essa a satisfação maior que quero sentir, filha! O bem-estar daqueles que tomarão conhecimento do nosso trabalho, e a modificação interior que cada um possa realizar, baseado em nossas personagens.

– Se eles conseguiram, como eu não conseguirei? – indagar-se-ão. – E, semelhante às personagens que venceram lutas interiores imensas, as que souberam se conduzir diante de situações adversas, as que souberam ajudar e encaminhar outras mais necessitadas, também esforçar-se-ão para conseguir.

É aí que está o valor do nosso trabalho! É nesse valor que penso e não naquele que querem lhe dar, procurando se foi Eça de Queirós quem escreveu, ou se algum charlatão que tomou um nome que se tornou famoso para se infiltrar nos meios literários espirituais. Isso não me importa!

Pense em todos os que ajudamos, não importando se foi Eça de Queirós ou um charlatão, mas pense, também, filha, que nenhum charlatão tem a segurança do que afirma, nenhum charlatão que se passa por outro, está ancorado nos ensinamentos de

Jesus. Aqueles que não estão embasados no Evangelho de Jesus, nos seus ensinamentos, no firme desejo de ajudá-lo em sua tarefa, a qualquer momento deixam cair a pele com que se escondem. E eu não tenho nenhuma pele para me esconder, não sou nenhum charlatão, mas sei que comentários virão.

É sempre assim que acontece. Aqueles que nada sabem, que nada desejam na seara do Pai, procuram picuinhas para impedir o trabalho dos outros.

Por isso, nós continuaremos! O que importa é a nossa consciência, e essa a temos limpa e tranquila. E quem tem a consciência limpa e tranquila, nada deve recear, apesar de todos os ataques que queiram nos fazer e não sermos reconhecidos.

Não é esse o reconhecimento que deve nos preocupar, mas o reconhecimento de Jesus e o de Deus, que nos permitiu realizar essa tarefa; o reconhecimento dos amigos espirituais que nos estimulam sempre, encorajando-nos, e o reconhecimento daqueles que um dia poderão se sentir beneficiados com tudo o que lhes passamos, sem mesmo saber e se importar se foi Eça de Queirós ou outro qualquer, porque estão interessados na mensagem e não em quem a transmite.

Toda crítica é sempre muito severa e a ela devemos nos habituar sem lhe darmos um valor além do que deve ter, para que o trabalho não fique prejudicado. Quem sabe um dia, depois de muito esforço, aprenderemos a trabalhar o nosso orgulho e estaremos preparados para receber qualquer crítica, tanto a destrutiva quanto o elogio, sem nos deixarmos afetar.

Certa ocasião, em uma das nossas conversas através do já referido médium, em relação à crítica de que os escritores eram alvos, Eça falou-me:

> Cada escritor se faz como um cacto espinhudo, plantado nas areias ardentes de um deserto, e vivendo sob um sol causticante, mas sempre guarda, no seu interior, uma água fresca para o caminhante sedento e cansado.

Emmanuel, no livro *Coragem*, psicografado por Francisco Cândido Xavier, numa mensagem intitulada "Crítica e nós", entre outras considerações sobre o assunto, nos diz:

> Diante da tarefa que se te reserva, no levantamento do bem comum, é justo respeitar o que os outros dizem, no campo da crítica; entretanto, é forçoso não paralisar o serviço e nem prejudicar o serviço em virtude daquilo que os outros possam dizer.
>
> Guardar a consciência tranquila e seguir adiante.
>
> Escapam da crítica exclusivamente as obras que nunca saem de plano, à maneira da música que não atrai a atenção de ninguém, quando não se retira da pauta.
>
> Viver a própria tarefa é realizá-la; e realizá-la é sofrê-la em si.

2

NÓS POSSUÍMOS, EM casa, um considerável acervo de livros espíritas, adquiridos ao longo dos anos, por minha irmã, estudiosa da doutrina, palestrante e coordenadora de cursos dentro da casa espírita, e que deles sempre se utiliza, tanto para o seu lazer quanto para ampliar conhecimentos.

Muitos deles são consultados com frequência, pelos assuntos que abordam, outros, depois de lidos, têm ficado esquecidos na estante, sobretudo alguns mais antigos.

Certa ocasião, depois que Eça havia se identificado, eu encontrei, sobre o sofá da sala, um volume que ela havia consultado e, folheando-o, deparei-me com algumas mensagens assinadas por Eça de Queirós, datadas de 1906, 1907..., entre diversas de outros escritores.

Como eu desconhecia a existência daquele livro, surpreendi-me, e tomei conhecimento, depois, que ele fazia parte de um conjunto de quatro volumes intitulados – *Do país da luz* – onde haviam sido reunidas todas as mensagens acima referidas, psicografadas pelo extraordinário médium português, Fernando de Lacerda.

Passada a surpresa, li algumas delas, encarando aquele fato com naturalidade, e compreendendo que, um escritor como Eça havia sido, enquanto encarnado, encontrando a genialidade mediúnica de Fernando de Lacerda, com certeza não iria perder a oportunidade.

Quando pudemos conversar através da palavra falada, eu lhe contei o fato, que, com toda a certeza ele sabia, dizendo-lhe que algumas mensagens suas, psicografadas, haviam me caído às mãos, e ele, sem se surpreender e sem dar maiores explicações, disse que muito ainda me cairia às mãos.

Transcorrido algum tempo desse fato, procurando um livro em uma das suas estantes, minha irmã deparou-se com um volume antigo, esquecido naquele local e surpreendeu-se.

Tomando-o, imediatamente ela procurou-me, mostrando-me o que havia encontrado.

Não sei o que houve em meu íntimo, naquele momento, mas, talvez, por ignorar a existência daquele livro, a surpresa foi muito grande. Muitos pensamentos passaram por minha mente em poucos segundos e me perturbaram.

Tratava-se do livro – *Eça de Queirós, póstumo* – do mesmo médium português e, afinal, consultando-o mais detalhadamente, não era nada mais nada menos que a reunião de todas as suas mensagens contidas nos quatro volumes anteriormente aludidos, reunidas em um só e, encerrando-o, havia duas recebidas por Francisco Cândido Xavier, uma das quais, datada de 1934.

Naquele instante, antes dessa constatação, pelo completo desconhecimento do que tratava o livro, minha mente foi invadida por muitas ideias antagônicas e conflitantes, e eu não sabia mais o que pensar, indagando-me: "Como um espírito que tivera como médium a excelsitude das possibilidades de um Fernando de Lacerda e de um Francisco Cândido Xavier, estaria trabalhando comigo, tendo sido obrigado a desenvolver em mim a possibilidade da escrita mediúnica, desde os primeiros rabiscos, confiando-me uma tarefa que sabia, lhe era de grande importância?"

Cinco anos após, quando trabalhamos no livro *Um amor eterno*, ao qual faço alusão novamente, essa questão ficou-me muito clara, como ficará a qualquer leitor que poderá ter os mesmos pensamentos. Sabemos que nada acontece por acaso, e ele aqui não está por acaso. Independente da extensão ou amplitude de minhas possibilidades mediúnicas que considero normais, mas tanto poderiam ser grandiosas como muito mais limitadas, um outro motivo há para que ele tivesse se achegado, trazendo-me esta tarefa. Tudo tem uma razão de ser e essa razão está explicada no livro citado.

Na manhã seguinte, ao invés de prosseguir com o livro que me passava, ele transmitiu-me a mensagem que reescrevo abaixo, por completo, pois suas revelações são de interesse, não só em referência ao assunto em questão, mas, pela primeira vez, ele abordou outro ponto que era fundamental para o seu trabalho, e que comentaremos após.

Que as bênçãos de Jesus nos envolvam, neste momento, e que nos inspirem, filha, que necessário se faz que alguns esclarecimentos lhe passe.

Quando, surpresa, me disse que alguma coisa minha havia lhe caído às mãos,[4] e eu lhe falei que muito ainda lhe cairia às mãos, não menti! Ontem preparei a primeira, aquele livro[5] que tanto a perturbou. É um livro autêntico, de uma outra época da minha vida de desencarnado, que sabe, encarnações as temos muitas, até já lhe contei algumas, e ontem, ele devia cair-lhe às mãos!

Perturbou-a eu sei, eu senti, mas era necessário que lhe fosse mostrado! Você tem que saber tudo o que já se fez, tudo o que já passei em outra oportunidade, quando, recém-deixado o corpo, apegado ainda às coisas da Terra, preocupava-me em dar satisfações àqueles que comentários faziam, duvidando.

Mas hoje, passado algum tempo, o meu modo de pensar é outro – graças a Deus – a minha visão do mundo espiritual e do mundo material é outra, dentro de um pouco de progresso que pude realizar, e o meu modo de escrever, novamente digo – graças a Deus – é outro! Não mais me interessam o sarcasmo nem o azedume para acicatar pessoas ou instituições, mas procuro compreendê-las. Se não for possível, nada faço, calo-me!

---

4. Alusão a mensagens suas, contidas no livro *Do país da luz*, do médium português, Fernando de Lacerda.
5. Alusão a *Eça de Queirós póstumo*, do mesmo médium. (Notas da médium)

Hoje, o que me interessa é ajudar Jesus, é o meu objetivo primordial e único, como também ter outros sentimentos no coração.

Jesus permitiu-me, através do sofrimento – que nunca foi pequeno em minhas diversas encarnações – através do meu estudo, da minha dedicação aos seus ensinamentos, mesmo aqui na vida espiritual onde sempre também trabalhei, permitiu que eu progredisse. E hoje, quando olho tudo o que deixei, embora com um nome que se tornou famoso, embora com sucesso, nada referente aos ensinamentos de Jesus pude deixar! – Apenas críticas às sociedades, às instituições e às pessoas, cujos comportamentos nem sempre eram compatíveis com o meu modo de pensar. Para tudo isso usava a minha pena afiada e a minha inspiração farta para atacar, em forma de romance ou outros escritos, os pontos para os quais queria chamar a atenção.

Dizem que a Literatura Portuguesa ganhou muito com os meus livros, com o meu modo de escrever! Se, pelo menos nisso, pude contribuir um pouco para o meu país de origem, naquela encarnação, dou-me por feliz, porque, de resto, o confesso, nada do que me interessa agora, transmitiram aos leitores!

É por isso que hoje, com outro pensamento, com outra vontade, quero refazer tudo! Não que seja possível, mas posso complementar a minha obra, usando o mesmo nome Eça, o meu querido nome Eça, para que vejam que tudo o que comentaram a meu respeito, hoje se modificou! Para que vejam que o espírito progride, e que o meu modo de pensar do passado, passou, também modificou-se e, novamente agradeço a Deus, modificou-se em direção a Jesus! É esse Eça, filha, que quero aqui deixar, através de suas mãos.

Não se incomode em escrever como o Eça escreveu! Para quê? Apenas para que Eça seja reconhecido? Isto não mais me importa! Não direi uma palavra querendo provar que foi Eça que escreveu, como já o fiz por diversas vezes, naquela outra oportunidade. Hoje, estou interessado em deixar os ensinamentos de Jesus, em deixar aqui algumas normas de vida que possam também encaminhar as pessoas a ele – Jesus! Tudo o que puder fazer para ajudá-lo em sua seara, estarei fazendo para mim próprio, que é assim que se dá! Se o faço dessa forma romanceada, é porque assim que o sei, é assim que faz com que as pessoas se interessem mais.

Avante, filha, de cabeça erguida e coração tranquilo! Você, já lhe disse, é e foi muito querida ao meu espírito, já lhe contei muitas coisas! Eu não menti! A você só, faço questão de provar quem sou e sei que não tem dúvida! Jamais eu exporia um ente tão querido meu e nem mesmo outro que fosse e que me recebesse para essa tarefa, ao ridículo.

Comentários sempre virão, já a preveni, mas

esses, não devem importar a você como não importam a mim. Quanto mais ataques fizerem, mais profícua será a nossa obra, pois que hoje, interesso-me pelas mensagens que posso transmitir e não em demonstrar que foi o próprio Eça quem escreveu. Não se preocupe com isso! Continuemos o nosso trabalho como o vimos fazendo, com o coração aberto e com o mesmo amor com que o realizamos, certos de que, embora muitos comentários se façam, muitos se utilizarão e se sentirão um pouco menos infelizes quando dele tomarem conhecimento.

Que Jesus possa estar sempre em seu coração, deixando-o sereno, tranquilo e feliz do nosso trabalho, ouça você o que ouvir, falem o que quiserem falar, quando os nossos livros estiverem a público – os livros de Eça – e, se verificarem que não é mesmo aquele Eça, me sentirei feliz! Infeliz e triste ficaria se reconhecessem neles o mesmo Eça daquela oportunidade, o mesmo Eça que nada deixou de bom! Mas, se disserem: – "Esse não é o Eça! O Eça não era assim! O Eça era um agnóstico, o Eça era um tanto irreverente, frio, irônico! Esse não é ele!" – Se fizerem esses comentários, filha, o quanto me sentirei feliz! Graças a Deus o Eça não é mais daquele jeito! Graças a Deus o Eça pôde progredir um pouco e ter em seu coração, outros sentimentos! Graças a Deus está podendo transmitir um pouco do que aprendeu agora, e deixar uma nova obra, um novo Eça!

Se quiserem aceitar, ficarei feliz, se não quiserem aceitar o Eça, que aceitem a mensagem, que essa, agora, é diferente e voltada para Jesus!

Que Deus a abençoe e que você perdoe este pai que vez por outra lhe causa preocupação e sofrimento, mas que um dia, se Jesus permitir, a receberá para o abraço de gratidão e amor eterno, que vem perdurando, como já lhe disse, através dos milênios!

É interessante atentar, aqui, antes de qualquer outro comentário, para a expressão usada por ele, naquela ocasião, no final da mensagem – amor eterno – que foi, anos mais tarde, título do livro tantas vezes aludido, no qual pode ser comprovada, também, a sua afirmativa de que esse amor vem perdurando através dos milênios.

Mais uma vez ele se mostrava um grande didata. Cada conhecimento, cada revelação, na sua hora.

Além de colocar-me nas mãos o que já havia escrito mediunicamente, ele referiu-se à sua obra aqui deixada como encarnado, revelando-me, pela primeira vez, o verdadeiro conceito em que a colocava, depois de tê-la analisado à distância dos olhos de um corpo físico, mas com a sensatez e equilíbrio que as verdades espirituais lhe conferiram.

Lendo algumas de suas mensagens contidas nos volumes citados, escritas há quase cem anos, nota-se que, já naquela época, fazendo um balanço de sua obra aqui deixada, considerou-se um escritor falido e pensava na possibilidade de um dia poder retornar com uma outra obra.

Na primeira mensagem de *Eça de Queirós, póstumo,* datada de 25 de novembro de 1906 (novamente o 25 de novembro iniciando um trabalho), intitulada *Chegando lá em cima...* – ele a começa, dizendo:

> Quando atravessamos a ponte do Caronte, ao encontrarmo-nos do outro lado, somos irresistivelmente levados a balancear toda a nossa obra feita na Terra.
> Não pude furtar-me à lei geral. Ao balanceá-la vi que estava pobre. Encontrei: – Riso 40 por cento; ironia 50; amargura 5; dor 4; de todos os outros sentimentos 1. Era um escritor falido.

Muitos e muitos anos passaram e ele aqui está.

Guardadas as devidas distâncias entre a genialidade mediúnica de Fernando de Lacerda e as minhas parcas possibilidades, não mais com aquela requintada ironia que lhe era característica, mas de forma simples, terna e elegante que demonstram a sua elevação, os seus sentimentos em relação à sua obra de encarnado são os mesmos.

Os seus propósitos, após tantos e tantos anos, estão sendo concretizados e, acredito, foram reformulados, pois o seu trabalho de agora demonstra o espírito que hoje ele é. O seu interesse está voltado para Jesus, e quem tem os olhos voltados para Jesus, no firme desejo de ajudá-lo na sua seara de amor, só pode realizar um trabalho de amor, direcionado àqueles que, como nós, ainda estamos em romagem terrena, precisando muito de palavras de estímulo, coragem e força, bem como do exemplo daqueles que já passaram por experiências semelhantes e agora voltam trazendo os seus próprios depoimentos.

3

ALGUMAS VEZES TENHO me referido a conversas mantidas com Eça, através de um médium amigo, dando a impressão de que esse fenômeno ocorria com frequência.

Durante essas poucas ocasiões, no entanto, muitos assuntos eram ventilados e, como os vou relatando à medida que o ensejo se faz, pode dar essa ideia.

Infelizmente, há muito não tenho mais essa alegria, mas ele sabe como deve se conduzir e eu tenho que entender. Talvez, naquele início de trabalho, ele visse a oportunidade como favorável a um estreitamento maior entre nós, auxiliando-nos na sua realização.

Pois bem, quando o quarto livro – *Foco de luz* – estava por terminar, durante uma dessas oportunidades, ele fez-me uma advertência, acompanhada de um aconselhamento.

Desde que eu tivera conhecimento da sua identidade, procurei ler todas as suas biografias de que dispunha em casa, aquelas preparadas para levar ao leitor e aos estudiosos de literatura, informações a respeito de escritores e de suas obras, satisfazendo a curiosidade natural daqueles que por eles se interessam, e eu não era diferente.

Dizendo-me que estava na hora dele começar a saldar compromissos, e que o livro sobre Getúlio Vargas era um deles, assumido no mundo espiritual, acrescentou que, tão logo o livro no qual trabalhávamos estivesse completo, retomaríamos aquele que ficara interrompido. Para tanto, aconselhava-me que, ao invés de eu estar constantemente às voltas com biografias de Eça de Queirós, que aplicasse meu tempo em leituras sobre Getúlio Vargas, que me auxiliariam muito.

Interessada em estar o melhor preparada possível, para melhor atendê-lo, procurei tomar conhecimento de muitos pontos importantes da vida política do eminente homem público, concluindo, também, a par do pedido que me fizera, que ele dava pouco apreço ao que fora como Eça de Queirós. Lembrando-me, agora, desse julgamento, veio-me também à mente, que certa ocasião, ao lhe pedir que me contasse algo mais sobre ele, como Eça, além do que as biografias relatavam, ele respondeu-me: – *Por que falar de uma vida de tristezas e solidão?*

Concluído o *Foco de luz* em 17 de março de 1992, o livro sobre Getúlio Vargas foi reiniciado.

Intuitivamente ele me adiantara que o livro constaria de duas partes, uma histórica, narrando os fatos políticos que envolveram a vida do discutido político até à sua morte, e a outra, já no mundo espiritual, quando ele teve a oportunidade de analisar as suas ações praticadas aqui na Terra, enquanto no comando deste país.

HISTÓRIA DE MUITAS HISTÓRIAS | 97

Sentindo que essa personalidade lhe era muito familiar e querida, naquela mesma conversa eu indaguei se haviam, pelo modo como a ela se referia, convivido, e se ele também participaria do livro. Respondendo-me afirmativamente, ele disse-me que, na convivência com Getúlio, aprendera a amar esta terra. Só não entrou em detalhes dessa convivência, e fez parte do livro, sim, com um papel muito importante e decisivo, muito diferente do que eu imaginava.

Tendo me adiantado que, no transcurso da história, eu perceberia quando ele surgisse como personagem, com certeza, por suas próprias intuições, eu o reconheci imediatamente, e ele, após, passou-me um esclarecimento por escrito, confirmando-me. Porém, como o livro continuou por alguns meses até que esse ponto chegasse, e outras histórias se antepuseram a essa, no momento oportuno eu a transcreverei, juntamente com outros depoimentos, uma vez que tenho procurado obedecer a uma ordem cronológica para o relato dos acontecimentos.

Quando a minha obrigação relativa à organização de bazares beneficentes se avizinhava, para exposição e venda dos trabalhos confeccionados durante o ano, eu interrompia a recepção do livro no qual trabalhávamos, pois os outros afazeres tomavam muito do meu tempo. Vez por outra, porém, colocava-me à sua disposição para o que ele desejasse me passar, não perdendo a oportunidade do exercício, sem me sobrecarregar, e o que era ainda melhor, tinha dele o esclarecimento, a força e a orientação.

Em 11 de abril tivemos uma dessas oportunidades, e ele, como sempre, agradecido, transmitiu-me palavras com as quais a sua bondade e o seu amor de pai sempre me obsequiavam, mas que me abstenho de transcrevê-las por não me reconhecer merecedora. Entretanto, reproduzirei as que me passou acerca da utilização do tempo, porque reconheço, são úteis e estimuladoras da vontade de trabalhar, para qualquer um.

Devemos ter as nossas horas, mas, se pudermos transportar as horas que seriam nossas, em favor de horas para outros, a nossa felicidade será muito maior e a recompensa de Jesus, muito grande!

Continuando, ele falou sobre a nossa atividade, fazendo referência ao seu estilo de agora, ajustado aos seus objetivos atuais, não deixando de mencionar, também, as suas esperanças nesse novo trabalho, bem como as dificuldades que eu encontraria para publicação.

Quando te digo que o nosso trabalho será grande é porque o será! Muitos livros aqui deixaremos, muitas obras escreveremos e, o que está difícil agora, num primeiro momento, quanto à publicação, será tão fácil, no futuro, que te solicitarão, apresses os livros que o público pede mais! Não te preocupes com o que te disserem por ora, é uma minoria! A grande maioria se regozijará com a leitura, e nós ficaremos felizes, que é para ela que o nosso trabalho é direcionado.

HISTÓRIA DE MUITAS HISTÓRIAS | 99

Neste início, a estranheza, a dúvida, a incerteza se faz, como sempre se fez e sempre se fará, em se tratando das relações entre o mundo espiritual e o mundo material, ainda mais, quando um livro tão simples[6] foi assinado por aquele que julgam um grande escritor do passado. Mas o julgamento deles não é o meu julgamento!

Se para a literatura fui um grande escritor na época em que aqui estive, também sofri muito para ver meus livros publicados, de início. Sofri muitos comentários, muitas análises foram feitas, para saberem se o que eu escrevia tinha algum valor literário, ou se não era algum escritorzinho incipiente, querendo tomar ares de grande escritor.

Isto tudo passou! Agora estou diferente, graças a Deus progredi, abri meus olhos, não para o mundo, mas para Jesus, e tendo os meus olhos voltados para Jesus, é a ele que quero ajudar. Quero utilizar os dons de que Deus dotou o meu espírito, para aqui também retornar com meus livros. Sei que estranharão, porque aquele que hoje volta é diferente. Não estou interessado num estilo que seja fiel ao que aqui deixei, e eu próprio me pergunto: – Por que novamente repetir o que aqui ficou? Por que querer imitar o Eça de então, se o Eça de agora é outro? Por que procurar o Eça daquele período? – Se o querem, deixei aqui muitas obras, pois que o encontrem!

---

6. Alusão ao livro *Obrigado, Maria!*, já referido. (Nota da médium)

O Eça de agora, voltado para Jesus, não quer provar nada a ninguém! Só quer provar a si mesmo e ao próprio Jesus, que é outro, mudou, melhorou, progrediu... Por que, então, ter que manter o estilo daquele Eça que agora, de onde está, analisou e concluiu que nada de bom aqui deixou? Meus livros, agora, também serão diferentes! A única coisa que faço questão de conservar e que seja igual, é esse nome – Eça de Queirós – pois que, no momento em que o conservo para mostrar ao mundo que é o Eça quem escreve, estou mostrando também que, apesar do nome – o Eça é outro! É esse Eça de agora que me traz um pouco mais de alegria, é esse Eça de agora que está feliz por ter mudado, e por ter tido a permissão de Jesus para mostrar que mudou. Isso também é importante! Não que eu queira proclamar aos quatro ventos que estou modificado, pois, se isso o fizesse, demonstraria apenas um orgulho que agora, onde estou, já não existe mais, mas quero mostrar que se muda, todos o podem também, porque é para isso que Deus nos criou, para que progridamos sempre em direção a Ele!

Vê, filha, a importância do nosso trabalho! Tem ele duas finalidades – mostrar ao mundo alguma coisa do mundo espiritual, trazer-lhes ensinamentos, direcionamentos, e também, através de uma obra que querem, seja fiel à minha obra do passado, concluam que o espírito progride, se instrui nas coisas de Deus e caminha para Ele, como todos podem fazê-lo!

Entretanto, esse progresso não nos cai às mãos porque somos escolhidos, não! Todos nós o somos, mas precisamos atender a esse chamado, para o qual, muitas vezes, nos indicam um caminho tão pedregoso, tão cheio de lágrimas, tão cheio de empecilhos!... O mérito está em continuarmos a caminhada por ele, retirando as pedras com paciência, enxugando as lágrimas dos que encontrarmos pela mesma estrada, mesmo que tenhamos os olhos molhados pelas nossas. Assim, aos poucos, caminhando, caminhando, percebemos que as lágrimas se secaram, as pedras terminaram, e nós chegamos felizes, atendendo ao chamado de Jesus. É desse modo que se faz o progresso! Não são as pedras do caminho que nos fazem progredir, mas a forma com que as afastamos de nós!...

Terminada a transcrição da mensagem acima, meu pensamento divagou por essas afirmativas acerca do sofrimento, bem como sobre a capacidade de cada um de suportá-lo.

Sabemos que Deus não dá carga além do que cada um pode resistir, mas sabemos também que o queixume, a impaciência e a revolta põem a perder oportunidades. Os exemplos estão à nossa volta, pelas orientações de mentores espirituais, tanto através da palavra falada quanto da escrita, como também pelo relato doloroso de muitos irmãos infelizes desencarnados, que se comunicam nas sessões mediúnicas.

Sabemos, também, que não basta sofrer, mas é necessário ter compreensão, aceitação da dor e resignação, porque ninguém sofre em vão neste orbe de expiações e provas. Se sofremos é porque muito já fizemos sofrer e a justiça de Deus se cumpre.

Graças a Deus existe o progresso espiritual, e podemos conquistá-lo das mais variadas formas; acreditemos nós em Deus ou não, ele se fará – cedo ou tarde, se fará! Seja através do sofrimento a que nós todos, como encarnados, estamos sujeitos, seja através do trabalho em favor de outrem, seja através da aquisição e da prática das virtudes, que não precisamos enumerar, pois todos sabem muito bem diferençar o bem do mal, e só pratica o bem quem é virtuoso. É, pois, do nosso mais profundo interesse não retardar a nossa evolução, esforçando-nos para conquistá-la o mais rapidamente possível, para sermos felizes.

Só assim aprenderemos a nos policiar e a nos considerarmos irmãos, com as mesmas possibilidades e direitos, pois somos todos iguais perante Deus, que ama a todos os Seus filhos com a mesma intensidade.

Ainda sem dar continuidade ao livro do qual nos ocupávamos, mas colocando-me à disposição para a escrita mediúnica, no dia 3 de maio, ele passou-me outra mensagem, dizendo que, não obstante compreendesse meu outro trabalho, estava saudoso da oportunidade, e esclareceu que os momentos em que escrevíamos eram muito importantes, tanto para ele quanto para mim, porque havia um compromisso assumido espiritualmente. Acrescentando que realizávamos uma tarefa redentora para nós ambos, que teríamos nossos créditos nas cadernetas da nossa conta espiritual, declarou que sua alegria maior não era só o saldar de débitos, mas a oportunidade que lhe fora concedida de mostrar, por minhas mãos, o novo Eça, o Eça redimido, modificado e voltado para Jesus.

Prosseguindo na mesma mensagem, ele fez esclarecimentos de interesse, relativos ao estilo que sua nova obra apresentava. Eu os reproduzirei com suas próprias palavras, por compreendê-las relevantes, quando dúvidas sobre a sua autenticidade estavam sendo geradas por alguns poucos que o estavam lendo e, tenho a certeza, gerarão, no momento em que seus livros estiverem a público, sobretudo àqueles que fizerem comparações. Seu novo estilo é marcado pela simplicidade, pois sua intenção é atingir os simples.

Acompanho o teu pensamento e a tua indagação! Desde o início eu te disse, filha, que não te importasses com o nome de Eça, que não te importasses com o estilo de Eça, que esquecesses Eça! Mas, atribuías a ti somente o fato de não escreveres como Eça. Era muito cedo, não devia dizê-lo! Muitas coisas ainda deviam ser preparadas, como o foram, para que pudesses entender melhor. Se tivesse dito no início, seria mais uma forma de não acreditares – mais ainda os outros.

Assim como foi feito, após essa preparação em que fomos colocando cada coisa no seu devido tempo, tudo já está cristalizado dentro de ti, e nenhuma dúvida tens em aceitar que escreves diferente do Eça, não por ti, mas pelo próprio Eça, que não deseja mais reviver aquele que aqui ficou, mas mudou tudo, em assunto, em forma de expressão, em estilo!

Esse é o novo Eça que espero, aceitem, pois que tu já o aceitaste e estás preparada agora para aceitar o que disserem em contrário, e farás a defesa do Eça redimido. Eu não direi palavra, já te disse, mas falarás por mim, no momento em que se fizer necessário, porque já tens, no teu coração, o preparo suficiente que te dará a convicção das palavras, para qualquer comentário que quiserem fazer, e sabes que o farão! Já te encontras imunizada contra eles, filha! A convicção está dentro de ti, e o que os outros disserem, sei que não importará. É assim que farás, ao que ouvires!

4

PASSADO O COMPROMISSO que impedia de me dispor regularmente para esse trabalho, a primeira parte do livro sobre Getúlio Vargas, da qual nos ocupávamos, foi retomada, e a nossa tarefa prosseguiu, com bastante cuidado de minha parte, sempre verificando cada fato, pois tratava-se de um relato verídico e não tão afastado no tempo.

Para minha felicidade, todos eram perfeitamente comprováveis, como o serão para qualquer leitor, e eu o fazia, não pelo receio de que o autor espiritual pudesse cometer enganos, mas, pelas minhas próprias imperfeições, temia não registrá-los adequadamente.

Por essa época eu preparava uma viagem à Europa e me ausentaria por algum tempo, mas preocupava-me o fato de nada ainda ter conseguido em relação à publicação de pelo menos um dos livros já prontos.

Ele, sempre atento às minhas preocupações, transmitiu-me a mensagem da qual transcrevo alguns trechos,

106 | WANDA A. CANUTTI

abaixo, fazendo-me compreender que a importância do nosso trabalho não era só para o momento, mas que ele permaneceria por muitos e muitos anos, muito além de nós mesmos, levando o conforto a tantos, porque necessitados sempre os haveria.

Para os homens, filha, dentro dessa cadeia de interesses, dentro de tantas dificuldades, todas as resoluções dependem do afastamento de muitos entraves.

Sabes que tudo é muito demorado, mas o que importa é o resultado final. Já te disse, não escrevemos para nós, e necessitados de esclarecimentos, de uma palavra de conforto e encorajamento, de um exemplo de vida, sempre houve e haverá. Se demorar ainda um pouquinho, não importa, os livros são perenes e aqui permanecerão por muitas gerações, como ainda vejo os meus de algumas encarnações. Por isso, o imediatismo que os encarnados desejam é próprio dos encarnados, mas a perenidade da obra é que importa.

Se fosse possível, à medida que cada livro ficasse pronto, colocá-lo em circulação, seria melhor, o reconheço, pois já poderia atingir um número maior de pessoas, mas entendo como tem que ser e saberemos esperar.

Quando o primeiro filho sair às ruas para caminhar por si próprio, pelo menos sairá tendo em si a paternidade legal, que o fará caminhar de cabeça erguida, sem que ninguém o ataque por achá-lo bastardo.

O nosso filho sairá de nossas mãos e caminhará dentro da legalidade paternal para que ninguém, nunca, tenha dúvidas, e os outros filhos caminharão atrás deste que estará abrindo caminho para os irmãos.

O nosso trabalho foi continuando, as expectativas da minha viagem aumentando e, no dia 14 de junho, deixando um pouco as referências à nossa tarefa, ele transmitiu-me palavras de muita ternura ao meu espírito, falando da ligação entre nós.

Hoje, passados alguns anos, ao relê-las, fui levada a algumas reflexões.

Sabemos que vivemos muitas vidas e que sempre acumulamos afetos, embora deles não nos lembremos, enquanto encarnados, mas nossos espíritos nunca os esquecem, mesmo que muito tempo passe.

Na nossa caminhada espiritual, muitas e muitas vezes, por obrigações de nossos espíritos, nos afastamos uns dos outros, mas, quando o reencontro se dá, valorizamos muito os momentos em que podemos desfrutar de convívio tão amorável.

Mesmo em planos diferentes, como no meu caso, e que o reencontro nos é permitido para a realização de uma tarefa salutar, a felicidade que sentimos é muito grande, facilitada pelos dons mediúnicos que nos proporcionam uma sensibilidade um pouco mais apurada. O bem-estar nos envolve e o desejo de servir é cada vez maior.

108 | WANDA A. CANUTTI

Muito pouco ou quase nada sabemos, pela barreira que o corpo físico nos impõe, mas sentimos, nos enternecemos, nos emocionamos, nos alegramos. Porém, ao que se encontra no mundo espiritual, liberto do corpo, com todos os horizontes amplamente abertos aos seus olhos, tudo é diferente e muito mais intenso. Talvez, desejoso de me transmitir essas explicações de forma mais precisa, e trazendo, também, no seu espírito, a sensibilidade das emoções e a força das afinidades e do afeto, ele passou-me através da escrita:

> Vidas, filha, já as tivemos muitas, ambos envergando um corpo de carne, e ambos sempre muito unidos, sempre com muitas afinidades e sempre um se comprazendo muito da companhia do outro.
>
> São afinidades espirituais que trazemos, e esse reencontro fez com que essas afinidades brotassem todas novamente, e que todas as vezes em que convivemos (das quais nunca me esqueci), voltassem muito forte aos nossos espíritos. E a convivência de agora traz de volta muitos momentos ternos que foram só nossos, em passado muito distante e num passado mais próximo.
>
> Tudo se achega a nós, filha, e a emoção dos momentos já vividos, como o disse, de forma paternal, retornam e, esses muitos que temos agora, fazem com que meu espírito se compraza do teu, fazem com que situações retornem. Eis a razão dessa emoção, às vezes, incontrolável, junto a ti.

Não tens lembranças de nada, mas o teu espírito guarda muitas recordações, que agora, com a minha chegada, se fizeram mais fortes, e é por isso que nossos espíritos, jungidos, se irmanam numa mesma emoção, inexplicável para ti, encarnada, mas sentes que algo muito forte nos liga, sem mesmo saberes o quê! É tudo o que está gravado e perpetuado no teu espírito, embora lembranças nítidas e claras, não as tenhas como eu, espírito liberto.

Mas um dia, quando o teu retorno se der, quando o nosso encontro de espíritos libertos se der, quando pudermos estar juntos, todas essas lembranças nos serão permitidas em conjunto. Os momentos tristes e infelizes que tivemos, pois que de uma convivência sempre os temos, serão analisados e concluiremos que muito já progredimos e estamos caminhando em direção a Jesus. E um dia, da forma como trabalharmos, da forma como procedermos, estaremos mais próximos a ele, alijados de todo o mal que um dia possa ter morado em nossos corações.

Numa época em que eu quase nada sabia a nosso respeito, a não ser que ele havia sido meu pai em algumas existências, eu encontro agora, nessa mensagem, em certas afirmativas, o prenúncio de tudo o que ele me revelaria em detalhes de épocas e circunstâncias, três anos após, no livro *Um amor eterno*, que sou obrigada a citar novamente.

110 | Wanda A. Canutti

Ao dizer: – *Os momentos tristes e infelizes que tivemos juntos... e Momentos ternos que foram só nossos...*, ele já revelava que, a par do profundo afeto que sempre existiu entre nós, tão bem demonstrado no livro, compromissos haviam sido assumidos, quando, em tempos bastante longínquos, não pensávamos em Deus.

Finalizando a mensagem, entre algumas outras considerações, ele agradecia, com a generosidade de que é portador, a oportunidade que lhe fora tão benéfica de extravasar o seu espírito, colocando-me a causa de tanta emoção, falando do amor eterno que nos une e da esperança em nosso trabalho.

Quando a viagem era iminente, Eça disse-me que estaria comigo em todo o seu percurso e que, se oportunidade houvesse, a aproveitaríamos para escrever algum conto.

O nosso trabalho, uma vez mais, viu-se interrompido, e o dia esperado chegou.

Muitas viagens aéreas eu já havia feito, mas a preocupação e o receio ainda naquela ocasião, eram uma constante em mim. Desde o aeroporto eu sentia a presença de Eça, meu pai espiritual, amorável e dedicado, como a me transmitir tranquilidade.

No momento em que entregava o cartão de embarque, depois de me desobrigar da bagagem, ele, fazendo reviver no seu espírito a jocosidade de outros tempos, mas dando-me a certeza da sua presença, disse-me: – *Eu sou um passageiro clandestino, não preciso de passagem, nem de documento nem de bagagem!*

Eu não tinha dúvidas de que ele estava comigo e me

HISTÓRIA DE MUITAS HISTÓRIAS | 111

acompanharia, assim como esteve durante toda a viagem, protegendo-me, amparando-me e transmitindo-me confiança, para que eu sempre estivesse bem.

Escrever, como ele me propusera, não estava sendo fácil, mas, em Paris, tivemos essa oportunidade por duas vezes seguidas, ocasião em que ele, antes de me passar um conto, que veio a se juntar aos que já possuía, disse-me, através da escrita:

A minha alegria é imensa e sinto que a tua também o é! O momento tão aguardado chegou, e nos chega num local que me foi tão caro, e onde vivi os últimos tempos da minha vida de Eça. Agora, estou aqui novamente, filha, e escrevendo, meio encarnado em ti, meio espírito em mim. É uma sensação estranha, diferente, mas assaz feliz!

Aproveitemos, pois, estes momentos que me ofereces para, momentaneamente encarnado na minha cidade querida, novamente escrever e, para que a minha alegria possa ser completa, filha, deixarei para ti um conto, que, se Deus permitir, terminaremos aqui mesmo em Paris, com as bênçãos de Jesus, para esta oportunidade.

Como estávamos em Paris, a cidade que marcou profundamente seu espírito, apegado à cultura francesa desde a sua juventude em Portugal, quando lia seus autores, no original, e falava correntemente sua língua; a cidade onde ele vivera seus últimos anos de vida como

Eça, onde deve ter encontrado um pouco de felicidade e paz pela família que havia constituído; a cidade que presenciara os sofrimentos que antecederam a sua partida deste orbe, ele achou por bem passar-me, também, um conto, cujo enredo era desenvolvido em Paris.

De regresso, a nossa tarefa foi retomada logo a seguir, e ele, regozijando-se pela volta ao nosso cantinho de paz, amor e trabalho, reproduzindo suas próprias palavras, fez alguns comentários sobre a viagem e sobre o nosso trabalho, falando, sobretudo, dos seus propósitos.

Talvez por perceber que num passeio, o que mais me encanta são as paisagens com as suas configurações, tonalidades e características que cada lugar lhes imprime, acrescentou considerações importantes sobre pontos que, comumente, passam despercebidos aos olhos de muitos encarnados que não se atêm a observar a natureza com toda a perfeição que encerra. Assim eu as transcrevo, como uma oportunidade de cada um aprender a observar com atenção e valorizar as belezas desta Terra que nos acolhe, criadas por Deus para amenizar as agruras das nossas provas, neste orbe de expiações e sofrimentos, e retirar, de cada detalhe, todas as benesses que o Pai magnânimo e bom criou para Seus filhos.

Agradeço a Deus e a Jesus esta oportunidade, agradeço a Eles a oportunidade de ter te acompanhado no passeio que realizaste, e agradeço a Deus tudo o que nos tem proporcionado.

Os dias passaram-se, filha, cada um com novi-

HISTÓRIA DE MUITAS HISTÓRIAS | 113

dades diferentes, todas mais belas que as anteriores, sendo impossível fazer-se comparações, de tanta beleza esplendente que irradia da natureza. Mas, filha, essa natureza esplendente que Deus permitiu, se mostrasse aos nossos olhos, é a prova da Sua criação. A criação maior de Deus, para suavizar o agreste da vida humana, tão cheia de percalços, tão cheia de problemas. As flores são bênçãos, suavizando as dificuldades. O seu colorido, a natureza verde com seus diversos tons, as águas puras, os pássaros, as nuvens, o sol brilhante, o céu azul, as montanhas, os vales, tudo, enfim, enfeita este planeta que recebe o homem, espíritos necessitados de encarnações, para cumprirem suas tarefas a caminho da redenção final e plena.

Deus preparou, com muito carinho, esse ambiente para receber o homem, proporcionar-lhe meios para o trabalho, inspirar-lhe as grandes descobertas a fim de que ele cada vez mais progrida, juntamente com a inteligência humana, tudo com uma única finalidade – o aprimoramento do espírito, criado para evoluir, através dos seus atos de amor.

Mas há aqueles que aqui vêm, não praticam atos de amor e ainda são causa de desventuras, de tristezas, de infelicidade... Esses também não são esquecidos, o dia deles se fará porque foi tão somente para a perfeição que fomos criados e, se, momentaneamente, nos afastamos do caminho que nos leva a Deus, um dia o retomaremos e o trilharemos em direção a Ele.

Eu queria colocar-te estes detalhes, filha, para mostrar-te que tudo o que viste, tudo o que conheceste, tem uma finalidade maior – proporcionar o bem-estar, o repouso e a oportunidade de crescimento espiritual do homem, espírito imortal e a mais bela criação de Deus.

Depois de algumas outras considerações não pertinentes a esta narrativa, ele reafirmou os seus objetivos, dizendo:

O que importa, filha, são os meus propósitos, e esses já os tens bem definidos e dentro desses propósitos é que estamos trabalhando.

Se os livros são simples, é para os simples que escrevemos!

De que adiantaria abordarmos assuntos mais complicados, aos quais apenas poucas pessoas teriam acesso? Essas pessoas que têm a capacidade de compreender palavras eruditas e assuntos mais complexos, já conhecem a doutrina de sobejo.

O que é importante e que efetivamente ajuda a Jesus, na sua seara, é arrebanhar os simples, aqueles que nada sabem, e que podem, com esses primeiros ensinamentos, passar a fazer parte do grande rebanho do Pastor Supremo, que tem muito poucas ovelhas e precisa de mais, muitas mais...

E como, filha, trazermos ovelhas para o rebanho de Jesus, se não falarmos a linguagem das pequenas ovelhinhas, com o carinho, a suavidade que merecem aquelas mais tenras que precisam ainda de muitos cuidados?

5

O TRABALHO SOBRE Getúlio Vargas prosseguia na sua parte mediúnica, e até então eu não havia recebido nenhum comentário sobre o livro que estava sendo analisado.

No dia 4 de setembro, porém, eu recebi, da pessoa que decidiria sobre a sua publicação, uma carta acompanhando o livro, dizendo que várias pessoas ligadas ao órgão a que ele pertencia, o haviam apreciado, mas que, pela estranheza do estilo, estavam receosos de aceitar o nome de Eça de Queirós como o seu autor espiritual. Contudo, como o livro era bom, aconselhava-me a que eu pensasse no eventual emprego de um pseudônimo.

Tal comentário preocupou-me ainda mais que os anteriores já citados, por tudo o que havíamos vivido na realização dessa tarefa; além disso, pelo afeto que nos unia, jamais eu duvidei da autenticidade de Eça, do querido Eça.

Seu estilo era diferente, mais simples, porém, diversas vezes justificado conforme os objetivos que trazia para esse seu novo trabalho.

Como eu, ele deve também ter se sentido abalado, não pelo conteúdo do comentário, porque os espíritos da sua elevação não se importam com isso, mas pela minha própria reação.

A visão dos habitantes do mundo espiritual é outra! Não é imediatista como a nossa e eles sabem como enfrentar dificuldades. Ele havia vindo para realizar uma tarefa que lhe fora permitida, resultado de um plano construído à base das suas mais caras e nobres intenções, cuja concretização via ameaçada, se eu continuasse naquela postura.

Pseudônimo, eu jamais utilizaria! A obra não era minha e eu não tinha o direito de dispor dela obedecendo a sugestões que me chegavam.

Na manhã seguinte, no nosso horário habitual, recebi dele a mensagem que transcrevo abaixo, na íntegra, por compreendê-la importante não só para mim, naquela circunstância, mas a qualquer um que enfrente situações de abatimento, seja pelo motivo que for. Se tiverem, a seu dispor, palavras de fortalecimento e ânimo como eu as tive, a sua recomposição e reequilíbrio se darão com muito maior rapidez, porque, à medida que vamos incorporando a intenção mais profunda de cada uma delas, e, à medida que elas passam a se alojar em nosso espírito, como verdades insofismáveis, não haverá mais lugar para desânimo, descrença ou abatimento.

Esta é a razão da sua transcrição completa, longa por

HISTÓRIA DE MUITAS HISTÓRIAS | 119

sinal, mas benéfica, que pode ser dividida em duas partes – uma para o reerguimento do meu espírito abatido, e a outra, circunscrita à nossa tarefa, para uma avaliação dos comentários em questão.

Que alegria, filha, envolve o meu coração, neste momento em que aqui estamos novamente para a nossa tarefa e, por isso, rogo a Deus, a Jesus, as bênçãos para o nosso trabalho. Eles que nunca nos têm faltado quando a Eles elevamos o nosso pensamento pleno das mais puras intenções, nos auxiliam, abençoam, amparam e estão conosco para que possamos "conversar".

Será um solilóquio, mas muito benéfico aos nossos espíritos que se comprazem sempre desses ensejos.

A vida, filha, é plena de momentos que se alternam, uns felizes, alegres, esperançosos, mas eis que, nessa alternância, outros se achegam, trazendo-nos preocupações, desgostos e receios. É a vida de encarnados pela qual todos nós passamos.

A bondade de Deus se faz nessas alternâncias, trazendo, nas horas felizes, o alimento espiritual de que necessitamos, para suportarmos os embates de que ainda somos devedores. Pense sempre assim, filha! Que os momentos de alegria, de tranquilidade, de união fraterna, são sempre o amparo e a proteção de Deus para que suportemos as nossas próprias imperfeições.

Mas, não somos simples joguetes nas mãos de Deus, vivendo dentro dessas alternâncias, não! Não somos marionetes manejadas! Somos seres humanos, somos espíritos imortais e temos a nossa vontade, o nosso livre-arbítrio e, dentro dessas nossas possibilidades é que estão os meios que Deus nos concedeu para que melhoremos ainda mais os instantes felizes, tirando deles o máximo, dentro da beleza, da paz e dentro dos ensinamentos evangélicos. E cabe a nós, filha, de acordo com o nosso comportamento, suavizar os momentos infelizes, fazê-los diminuir, mas cabe a nós, também, aumentá-los, torná-los mais agudos e acirrados, aumentando ainda mais o nosso sofrimento.

Jesus deixou-nos o seu Evangelho e, se nos apoiarmos nele, nas horas tristes, teremos uma palavra de compreensão das nossas próprias imperfeições, teremos o alento e a esperança que suavizam as picadas dos espinhos que encontramos em nossa existência.

O jardim é belo, as flores são multicoloridas, quebrando a monotonia; as formas são variadas e em todas elas a mão do Criador Supremo ali está. Cabe a nós, filha, vermos as flores, vermos a sua beleza, sem deixarmos que nem os espinhos, nem nenhum inseto daninho nos atinja. E, se em alguma ocasião isso acontecer, se somos feridos dentro desse passeio, devemos recorrer ao jardineiro, porque ele é que está mais próximo de nós, naquele momento. E o Jardineiro Supremo sempre tem um bálsamo para as nossas dores, que se farão menores logo em seguida, e retornaremos ao nosso passeio, contemplando a beleza das flores.

Se nos recolhermos a um canto, à primeira picada, curtindo a nossa dor, deixaremos de ter o bálsamo do jardineiro que sempre tem o remédio para qualquer picada, pois ele é o conhecedor supremo do seu jardim e está sempre pronto para nos amparar, nos proteger e nos auxiliar. Aprenda, pois, a consultar sempre o Jardineiro Maior do Universo e não se entregue às picadas que receber. Este é o conselho, filha, que sabe, tinha necessidade de ouvir.

Agora quero falar a respeito do nosso trabalho, de tudo o que temos realizado e do que, tenho a certeza, ainda realizaremos.

Muitas esperanças tenho, e não é pelo primeiro impedimento, que se formará um impasse em nossas obras. Dia virá que tudo terá um andamento normal dentro do que desejo, e espero que você também, filha, se acomode espiritualmente, sem negativismos, que as portas se abrirão, cedo ou tarde se abrirão.

Já lhe disse que não escrevemos para nós e necessitados sempre os há. Se não podemos levar o nosso auxílio imediatamente como desejamos, um dia ele chegará a muitos. Não desanime e continuemos! O reconhecimento dos homens cedo ou tarde se fará. Ainda encontraremos uma solução que, aos poucos, fará com que as portas se abram. O julgamento dos homens é feito por uma ótica, o do mundo espiritual, mais aberto, mais amplo, é feito por outra. Mas sei, também, que as nossas obras estão sendo feitas para o mundo dos homens e devemos procurar enxergar pela ótica dos homens e compreendê-los.

Se aqueles a quem se dirigiu, não quiseram acreditar que se trata de Eça de Queirós, dia virá que outros acreditarão, dentro dos propósitos realizados e já largamente explicados. Aí, então, será mais fácil! Não quero que se agaste com isso, para que o nosso trabalho não seja prejudicado. Tudo farei para que possamos prosseguir.

Eu não tenho por que me retratar, filha, nem por que me esconder, se não quiseram me acreditar! Esses mesmos que hoje me chamam de impostor, um dia compreenderão e tirarão desse fato uma lição para os seus espíritos. Não é necessário que sejamos uma cópia do que fomos, para sermos acreditados e reconhecidos! Isso só mostra que eles ainda não se encontram plenamente preparados dentro dos fenômenos espíritas, dentro dos conhecimentos espirituais, para aceitarem uma modificação.

Eu não irei me retratar, e a obra está em suas mãos, mas não desejaria que nela fosse colocado um nome que não me pertence. Sempre trabalhei com a verdade e, se tempo ainda demorar, não tem importância! Sei que a verdade, dentro dos

HISTÓRIA DE MUITAS HISTÓRIAS | 123

princípios que regem o meu espírito, e dentro do que aprendi nesta minha caminhada de espírito eterno, não me permite esconder-me nem aparecer sob outro nome para que se satisfaçam e publiquem.

Quero que compreenda! Não falo por orgulho nem por vaidade de um nome que se tornou famoso, não! Se assim o fizesse, seria o inverso de tudo o que tenho feito até agora e desejado que saísse a público. São os meus propósitos, que já lhe coloquei. Eu tenho necessidade de mostrar ao mundo que Eça de Queirós se transformou, não por vaidade – repito – mas para mostrar que o espírito progride, se modifica, e que aquilo que era a nossa forma, o nosso estilo, em determinada época, pode se transformar, à medida que vamos nos despojando também de nossas imperfeições.

Quando me propus a esta tarefa, fiz um plano que foi submetido à apreciação de irmãos maiores que o estudaram sob todos os ângulos, e muito tempo levou até que pude obter o consentimento para realizá-la. Indicaram-me você, filha, dizendo-me que havia um afeto antigo que possuía todas as condições de me atender! Lembra-se, já lhe contei isso?

Quando a encontrei, fiquei muito feliz, estou feliz do nosso trabalho, da sua dedicação, do seu amor. Estamos realizando o mais próximo possível dentro da minha planificação e, dentro dessa planificação, acima dos assuntos que desejava, fossem evangélicos e doutrinários, acima de você, que é o meu instrumento, tem o meu nome – o nome de Eça – que, além dos motivos já expostos, há outro ainda mais forte, que, ao chegar o momento, saberá ! Por isso, eu não pretendo esconder-me sob outro nome, mas somos espíritos e dependemos dos encarnados e, dessa forma, eu dependo de você. A minha obra foi colocada em suas mãos, e se assim o desejar, terei que me conformar. Só que lhe digo – tudo se cumprirá, menos o meu objetivo primordial – mostrar ao mundo que mudamos, mostrar também, – um outro motivo se acrescenta – que aqueles que em mim não acreditaram, têm muito que aprender em matéria de doutrina, em conhecimentos espirituais!

Perdoe-me, filha, o desabafo, mas era necessário para que possamos continuar o nosso trabalho como o vínhamos realizando até agora. Dia virá que as portas se abrirão, e, quem sabe, aqueles que se recusam hoje, não venham a se arrepender de terem retardado tantos conhecimentos, tantas palavras de alento e força, a tantos que nada compreendem, a tantos que nada possuem em verdades espirituais.

Que Jesus nos abençoe e nos dê forças para continuarmos o passeio pelo jardim imenso do Universo, eu num plano e você em outro, e que nós ambos saibamos sempre procurar o Jardineiro Divino quando algum espinho nos picar, ou algum inseto daninho queira nos molestar.

Filha, que Deus a abençoe, que a proteja, você sabe que estou sempre em sua companhia! Estamos unidos até quando Jesus nos permitir, sob as suas bênçãos, sob o seu amparo e a proteção dos amigos espirituais. Cabeça erguida! Desse pai que a ama muito, muito,

Eça, Eça, Eça.

Muitas vezes o que nos abala numa determinada época e circunstância, quando a distância no tempo nos devolve a serenidade e o equilíbrio, os nossos olhos passam a ver e a considerar uma mesma situação de modo diferente.

Minhas convicções são muito profundas por tudo o que eu tenho sentido e vivido durante todos esses anos, desde que Eça chegou, e nenhuma hesitação houve de minha parte até agora.

Diante de tudo o que se apresentou, decidi continuar o trabalho, como era do propósito de Eça, sem me preocupar nem ficar ansiosa pela publicação dos livros que já possuía prontos, porque, na hora certa, como ele próprio havia me advertido na mensagem, as portas se abririam.

Jamais um trabalho permitido pelos mentores maiores do mundo espiritual, baseado num plano cuidadosamente organizado, depois de estudadas todas as possibilidades de realização, poderia ficar parado numa gaveta, apenas porque alguns não creram na identidade do autor espiritual.

Em relação a esse mesmo assunto, Eça passou-me, na

ocasião, de forma intuitiva, e que eu anotei depois, uma explicação que, pela sua lógica, esclarece de vez a sua permanência por todos estes anos trabalhando nessa tarefa que se impôs, e que é a própria razão de ser da sua vida de espírito liberto, atualmente.

Um impostor que queira se fazer passar por um nome que se tornou famoso, para se impor, não tem a necessária elevação para manter uma obra que começou há dois anos e continua dentro da correção evangélico doutrinária, pois, mais dia, menos dia, já teria se traído.

Sendo uma obra dentro da correção desses mesmos princípios, só pode ser passada por um espírito bom, e um espírito bem-intencionado não trabalharia sob um nome alheio pois estaria negando todo o seu trabalho.

Na época desses acontecimentos e dessa pequena mensagem elucidativa, trabalhávamos há dois anos. O que diria eu, agora, que faz quase treze? Teria ele conseguido se manter como o tem feito, se fosse um impostor? Ele não apareceu como um autor que procura um médium, transmite um livro, assina-o com um nome ilustre assim que for concluído, e vai embora sem que nunca mais se tenha notícias dele. A história de todas as histórias que temos vivido e que envolve não só a nós mesmos, mas toda essa tarefa da qual nos temos ocupado, está sendo narrada e pode ser analisada.

Sua extensa obra acumulada até agora, aguardando

a oportunidade de publicação, aqui está para testar. Cada livro, trazendo assuntos diversificados, abrangendo todas as premências da difícil arte que é a convivência neste planeta, dentro dos problemas e situações que envolvem a cada um, tem suas diretrizes embasadas nos ensinamentos de Jesus, e revela ainda as verdades espirituais que lhe permitiram trazer como informação aos encarnados. Todos são, pois, compostos com a melhor das intenções, que é auxiliar a cada um na sua caminhada para a própria evolução.

Partindo ainda da longa mensagem acima transcrita, um outro ponto merece a nossa reflexão, agora passados alguns anos. Quando ele diz, em relação à mudança de seu nome por um pseudônimo, que ainda havia um outro motivo para não fazê-lo e que, no tempo certo, eu o saberia, por mais eu pensasse jamais poderia imaginar qual fosse.

Decorrido o tempo, quando ele, através do livro *Um amor eterno*, conta a nossa história, o nosso pretérito de erros, passando por algumas encarnações que lhe foram permitido narrar, inclusive sua existência como Eça de Queirós, e chega até os nossos dias, é que eu compreendi as suas palavras. Como ele o faria se tivesse usado um outro nome que não lhe pertencia? Como comprovar a autenticidade dos fatos se tivesse se apresentado com um nome que não fosse o seu, e como valorizar as suas conquistas? Como demonstrar a modificação que se operou em seu espírito, se não houvesse uma história autêntica para demonstrá-lo? Como provar a todos os leitores que com o passar do tempo nós nos transformamos, evoluímos, modificamos os nossos propósitos, e aquilo que era o nosso ponto de honra pelo orgulho que abrigávamos em nosso espírito já não tem mais razão de ser? Que valor teria em tudo isso um nome fictício? Aí é que cairia nas malhas do embuste.

Sempre que temos o exemplo de pessoas como nós mesmos, que erraram, que se esforçaram e hoje estão diferentes, dá-nos a convicção de que também o podemos, porque erros, todos nós os cometemos nessa sequência das múltiplas existências. Mas, se conseguirmos, em cada uma, ser um pouco melhores, é porque o progresso está a caminho e um dia estaremos redimidos de todas as nossas faltas.

III PARTE

ALGUNS RESGATES

1

AS HISTÓRIAS DAS muitas histórias que marcam a realização deste trabalho, vão, aos poucos, aflorando à nossa mente e tomando vulto, apoiadas em nossas lembranças e nas mensagens que documentam esta narrativa, atestando sua veracidade.

Lembranças de fatos ocorridos recentemente entre entes cujo afeto é mútuo e os une há milênios, mesmo em planos diferentes, ficam indeléveis, e o afloramento de cada um, espontâneo ou provocado, sempre causa uma grande ternura.

Diante do exposto, diante dessa união de afeto e trabalho, cada livro não é um acontecimento único e isolado em si mesmo. Seja o assunto que o envolve, seja a sistemática da transmissão para tornar as histórias concretas a nós, habitantes deste planeta; sejam as situações a que nos vemos inserida como receptora de tão significativa tarefa, e sujeita às vicissitudes a que são compelidos todos os que se encontram em experiências neste orbe de provas e resgates, tudo se interliga. Assim, as histórias vão sendo formadas, e não somos nós que as compomos, mas as circunstâncias que nos envolvem que as criam.

E como as realizações que trazem em si propósitos elevados, são benéficas a todos, seja num pormenor, seja em outro, essa narrativa vai se desdobrando e crescendo, à medida que a bondade de Deus nos permite aqui permanecer junto do nosso querido Eça, como o canal que medeia os dois planos, nos quais ora nos encontramos.

De acordo com o já referido anteriormente, o livro sobre Getúlio Vargas estava sendo transmitido, e assim demos continuidade a essa tarefa, com tranquilidade, novas esperanças e novo fortalecimento, para prosseguir até quando Deus o permitisse, com alegria, disposição e boa vontade, esquecendo negativismos e críticas.

Quando a conclusão da primeira parte se aproximava, o autor espiritual passou-me nova mensagem de esclarecimento e orientação acerca da disposição dessa obra e, como se estivesse compondo um roteiro, disse-me:

> Como sabes, filha, esse nosso trabalho terá duas partes, já escrevi, já te intuí, e a primeira, a sua parte histórica, pelo próprio desenrolar dos acontecimentos, caminha para o seu final.
>
> Em seguida, continuaremos o nosso livro com o protagonista, o herói principal, de retorno ao mundo espiritual. Aí, tudo será diferente! Ele

HISTÓRIA DE MUITAS HISTÓRIAS | 133

terá a oportunidade de tomar conhecimento de muitas coisas novas, de reencontros, fará reflexões e análises, e também, ao final, experimentará a alegria por ter conseguido algumas de suas proposições. Porém, também estará triste, amargurado e frustrado consigo próprio, por ter se deixado levar pela ambição do poder que envolve, às vezes, os encarnados, fazendo-os esquecer nobres propósitos, porque outros menos nobres se sobrepunham, e, naqueles momentos, lhes eram de maior interesse. Assim, esquecido das promessas realizadas e, talvez, não tão bem preparado para recordá-las todas, de forma intuitiva, de forma a que uma força interior muito grande e intensa o impulsionasse ao bem, à correção de atitudes e caráter, afastou-se bastante dos propósitos realizados no plano espiritual.

Tudo será analisado e chegaremos à conclusão do ato final, de forma a mais clara e precisa possível, através da própria personagem.

Ao referir-me, na segunda parte desta narrativa, que Eça havia me comunicado que o livro sobre Getúlio Vargas seria retomado, eu fiz menção à sua participação no desenrolar dos acontecimentos, como personagem. Deixei em pendência a explicação dos detalhes, para quando o momento chegasse, obedecendo à ordem cronológica com que os fatos iam se sucedendo, e o momento chegou.

A narrativa já estava sendo desenvolvida na sua se-

134 | Wanda A. Canutti

gunda parte, ocasião em que o nosso herói se encontrava recolhido em uma colônia de refazimento, no mundo espiritual, depois de ter passado por um período de sofrimentos atrozes em regiões umbralinas, cuja duração nem ele sabia precisar, mas sabemos que foi um longo tempo.

Após os primeiros socorros, necessários àqueles que trazem a razão turva por tantos sofrimentos ocasionados pelos débitos contraídos, com a ajuda dos abnegados irmãos do plano espiritual, ele foi readquirindo a consciência da personalidade que fora na sua última existência terrena. E, através de um recurso muito terno, que os que lerem o livro conhecerão, ele foi tomando ciência da sua nova condição de espírito liberto.

Encontrava-se, pois, preparado para fazer uma retrospecção de sua vida e de suas ações como encarnado, analisando-as sob a luz das verdades espirituais que não subornam nem privilegiam. Para tal mister, foi-lhe designado um orientador a fim de acompanhá-lo nessa nova etapa da sua recomposição. Esse irmão em Cristo estaria sempre pronto a compreendê-lo e auxiliá-lo, porque momentos difíceis eram previstos e se avizinhavam, como acontece a todos durante o confronto com as próprias ações, nem sempre as mais nobres, nem sempre as mais adequadas e corretas.

No momento em que a nova personagem – irmão José – é apresentada ao protagonista da história como o seu orientador a partir de então, levada, talvez, por alguma intuição de maior intensidade, mas sem que nada de concreto me tivesse sido adiantado, senão o que já foi narrado, eu disse para comigo – é ele!

Na verdade o era! Irmão José como é chamado no mundo espiritual onde presta serviço, o querido Eça, cuja participação foi de vital importância a Getúlio, iniciava o seu trabalho, acompanhando-o e orientando-o em todos os momentos, nascendo, entre ambos, uma amizade que não tem mais fronteiras no tempo.

Por tudo o que recebi, após, pude constatar que Getúlio Vargas sempre lhe foi muito grato por todo auxílio que recebeu, e só com a leitura do livro – *Getúlio Vargas em dois mundos* – é que teremos condições de aquilatar o seu valor. Não poderia ter sido diferente, em razão do espírito que hoje ele é, conquista efetuada através de muito sofrimento, trabalho e esforço. Eça – o irmão José, deve ter se utilizado desse nome como parte do que recebeu na sua última encarnação – José Maria Eça de Queirós.

No dia seguinte à sua aparição como partícipe no assunto da narrativa, e tendo eu percebido de quem se tratava, ele passou-me a mensagem de esclarecimento que transcrevo a seguir e que explica, também, os motivos da composição desse livro.

Que as tuas bênçãos, querido mestre Jesus, estejam conosco, neste momento, amparando e auxiliando esse nosso trabalho, no qual colocamos muitas esperanças e que assumi o compromisso de trazer à luz e levá-lo a público.

Tens razão, filha, e o sentiste fielmente! O irmão José da nossa narrativa é o teu pai, o mesmo Eça vivendo no mundo espiritual, naquele período em que o nosso irmão para aquela Colônia foi levado.

O meu conhecimento com ele data daquela oportunidade e, com ele, após a conclusão do nosso trabalho, assumi o compromisso de, quando me fosse permitido realizar esta tarefa, aqui, no plano terrestre, trazer, a seu pedido, a sua história.

Não era a vaidade que o movia, não, mas a necessidade de fazer, não só a sua redenção, mas trazer o exemplo a tantos governantes que assumem compromissos no plano espiritual e deles se esquecem, aqui deixando que grasse a corrupção e o desmando nas suas ações.

Filha, essa obra é importante, não por mim, que, como sabes, trabalhando dentro dos ensinamentos de Jesus, é-me indiferente transmiti-los através de uma história que, para ti, é "fictícia", ou através de uma história real como esta. Mas, ela é importante ao nosso irmão, a quem muito me afeiçoei, pois tivemos oportunidade de conversar longamente, tornamo-nos muito amigos, e a mim foi que ele sempre recorreu, após tudo ter vindo à sua mente em forma de recordações e análises. Foi a minha companhia que lhe deu a força nos momentos tristes de arrependimento e mágoas.

Compreendes-me, filha, a importância desse livro?

Tenho certeza de que ficarás feliz de colaborar

HISTÓRIA DE MUITAS HISTÓRIAS | 137

também com esse nosso irmão que precisava desse livro para a sua tranquilidade, e para que mostrássemos aos materialistas da Terra, que as personalidades aqui vividas também têm os seus momentos de humildade e arrependimento, também sofrem por não terem podido minorar o sofrimento de tantos. Mostrar ainda, aos grandes mandatários das nações, que eles ali não estão por acaso; um plano foi realizado para que isso ocorresse, e o que aqui na Terra pode parecer um simples acaso do destino, uma chance que lhes caiu às mãos, não o é.

Tudo está previsto e tudo o que se prepara se cumpre, bastando apenas que eles cumpram, aqui, aquilo que eles mesmos prepararam. Estamos convictos de que este não é um trabalho a mais, diante do que já realizamos, mas um trabalho muito importante pelas diversas finalidades já expostas.

Esse trabalho foi continuando e se encaminhando para a sua conclusão. O assunto abordado é surpreendente, e não podemos dizer que seja um livro político, como poderá parecer. Suas páginas estão repletas de instruções e ensinamentos, úteis e benéficos a qualquer um de nós em romagem terrena, envergando ou não postos elevados, pois, em qualquer posição, temos responsabilidades e deveres a cumprir, tanto para com os outros como para conosco mesmos.

Afinal, um livro que se me afigurara tão difícil, e

para o qual eu sentira não estar preparada, estava por terminar, e a nossa satisfação era grande. Todas as tarefas concluídas sempre nos transmitem alegria. Essa, porém, era diferente e mais ampla: para mim que intermediei os "dois mundos", e muito mais para o autor espiritual, por ter podido colaborar com o nosso irmão – herói da narrativa – para que se redimisse perante o seu povo, trazendo, num ato de humildade, o reconhecimento público de suas faltas. Não é necessário, aqui, entrar em muitos detalhes porque, no dia anterior ao da conclusão da narrativa do livro, 15 de novembro de 1992, Eça passou-me uma mensagem, da qual transcrevo abaixo o que é pertinente a este assunto

A mensagem é bastante elucidativa e reveladora das mais íntimas intenções do herói, protagonista da história, e demonstra o seu entendimento e desejo de auxiliar, para que outros não cometam os mesmos erros e não passem pelos mesmos sofrimentos.

Filha, felizes estamos, sim, alegres estamos, porque o nosso trabalho caminha para o seu final, esse que assumimos o compromisso de realizar.

Depois de dificuldades, de interrupções, eis que ele se encontra quase pronto para nossa alegria e, muito mais, para a daquele irmão que me pediu o realizasse e pudesse, depois, levá-lo a público.

A sua intenção, filha, é mostrar a todos os que o lerem, a todos os que o conheceram ou que dele tiveram notícia através das narrativas históricas, o quanto ele está modificado agora e consciente dos erros praticados. Mostrar também, que, às vezes, pensamos sofrer injustiças, mas um passado longínquo obrigou-nos àquele sofrimento, porque débitos trazemos para que sejam resgatados. Mostrar, ainda, que nos preparamos muito no mundo espiritual para trazer à Terra uma tarefa que nos é permitida pelos propósitos realizados, mas, aqui chegando, antigas tendências retornam e nos desviam, muitas vezes, do plano traçado. Enfim, mostrar que a vida que desempenhamos como encarnados, tem ligações profundas com o mundo espiritual, seja mais recente, seja mais longínquo.

Não que isso tenha a intenção de desculpá-lo perante a nação, não, que ele compreendeu e assumiu as próprias faltas, reconhecendo-se falido em muitos momentos, diante de muitas atuações, mas também reconheceu que muito pôde realizar em favor de seu povo tão necessitado e sofrido, principalmente daqueles que eram desprotegidos das leis.

É isto tudo, filha, que ele deseja mostrar e que vá a público, para que, de alguma forma, não se redima, mas sirva como exemplo a outros que desejem a mesma posição, a fim de que possam se conscientizar melhor de suas responsabilidades e de sua ligação com o mundo espiritual, pois que, sabedores e conscientes, se protejam a si próprios para não cair nos mesmos erros.

O final está perto e iremos terminá-lo da forma como já foi intuída. Ele próprio quer trazer a público uma carta, a carta de Getúlio, que não será mais a carta testamento, mas a carta reconhecimento, a carta advertência, e também a carta gratidão, ao país que o acolheu, ao povo que o amou e também aos que com ele colaboraram, embora a maioria já não aqui esteja, e também o agradecimento a todos os que o atacaram, pois que serviu para que resgates profundos fossem efetuados.

Aqui cabe uma pequena interrupção para acrescentar, conforme ele próprio afirmou em relação a esse desejo e que faz parte do livro: – *Não mais a carta testamento daquele que sai da vida para entrar na história, mas daquele que volta da história para ensinar a vida.*

Nosso irmão está muito esperançoso neste trabalho e feliz e, embora ainda demore muito para vir a público, dia virá que aqui estará nas mãos de muitos. Não tem importância que demore, pois ele está já perpetuado na história do país e todos o conhecem, pelo menos de nome.

Eu também estou feliz desse nosso trabalho e da desincumbência do compromisso assumido.

2

EM UMA DAQUELAS conversas que vez por outra aconteciam entre mim e Eça, através de um médium, ele me prevenira de que, com o desenrolar da nossa tarefa, um outro espírito, utilizando-se da minha mediunidade, se apresentaria para também trazer um trabalho. Imbuído dos melhores propósitos e dentro da sua sensibilidade para os ensinamentos evangélicos exemplificados por Jesus, ele escreveria, por meu intermédio, um livro composto de mensagens, comentários e histórias.

Ao término do trabalho sobre Getúlio, Eça imaginou que era chegada a hora desse seu irmão do mundo espiritual também trazer a sua colaboração aos seus irmãos da Terra, uma vez que já se fazia presente entre nós, desde algum tempo, conforme eu já o havia sentido e ele confirmaria logo depois.

Assim, após a manhã do dia imediato ao término desse livro, 19 de novembro de 1992, ocasião em que ele me passou uma mensagem expressando, entre outros assuntos, a sua alegria por um trabalho concluído e por um compromisso cumprido, bem como o descontentamento pela sua obra aqui deixada como encarnado, eu fiquei na expectativa do que ocorreria. Dessa mensagem, extraí uma pequena parte que se segue, para demonstrar, com suas próprias palavras, esse sentimento que o envolvia.

> Se um dia eu nada contribuí com tantos livros espalhados pelo mundo, quero agora poder mostrar quantas oportunidades perdi. Mas compreendo, também, que os frutos só amadurecem no momento exato, e escrevi as minhas obras de forma a que nenhum conhecimento em relação aos bons sentimentos e ao bom caráter, pude deixar. Mas Deus, na sua misericórdia, concedeu-me esta oportunidade que preciso aproveitar ao máximo.

Prosseguindo o anteriormente exposto, a apresentação do trabalho daquele espírito, cuja presença já se fazia entre nós, ficou postergada, pois Eça assumira um outro compromisso, desta vez com o orientador espiritual da Sociedade Espírita Kardecista "O Consolador", cujo cumprimento talvez fosse, para o meu pai espiritual, mais urgente.

Eça deveria, a seu pedido, transformar em livro uma série de acontecimentos que envolveram um espírito encarnado muito obstinado, cujo orgulho e obstinação ocasionaram graves problemas, com sérias consequências,

HISTÓRIA DE MUITAS HISTÓRIAS | 143

tanto para si próprio quanto para seus companheiros, assim como para a referida sociedade em que emprestávamos a nossa colaboração como médium.

A intenção de compor esse livro era a mais nobre, pois vindo a público, quando o momento se fizesse oportuno, traria, sem que nenhum nome verdadeiro fosse citado, o exemplo a muitos, pois que só esse é relevante, e cujas lições, nós que ainda estamos em romagem terrena, precisamos aprender constantemente. Porém, só o conhecimento nada significa, se não tivermos um pouco de humildade para o colocarmos em prática. Precisamos policiar as nossas ações, esforçando-nos para trazer a mente equilibrada, atenta e submissa às orientações e aconselhamentos sadios e bem-intencionados que nos chegam, a fim de nós mesmos não sermos os causadores de problemas que levam a situações conflitantes com prejuízos a muitos. Se trazemos os dons mediúnicos, precisamos ficar mais atentos ainda para sabermos discernir as sugestões que nos elevam, daquelas que, mascaradas de boas intenções, desejam a nossa perdição.

Deixando as explicações mais detalhadas desse trabalho que se iniciaria, para momento oportuno, voltaremos a nos referir àquele espírito, cuja presença eu já detectara e até o recebera para a transmissão da sua palavra, através da psicofonia.

No dia 22 de novembro, no mesmo dia em que o livro acima referido, fora iniciado, ele apresentou-se também para me trazer uma mensagem e mantermos um primeiro contato através da escrita, tão importante para o que ele esperava realizar.

144 | Wanda A. Canutti

Depois de falar da alegria da oportunidade que se lhe oferecia, ele confirmou-me a sua presença desde algum tempo, esclarecendo-me sobre o seu trabalho. Dessa mensagem, eu extraí um pequeno trecho que transcrevo abaixo.

> Estou feliz deste primeiro contato e já pudeste perceber que a forma de escrever do irmão Eça e de Charles, pois é esse o nome com que me apresentarei, são diferentes. Cada um tem seu modo, embora já saibas que, médium consciente como és, podes influir também. Estás desperta, estás atenta e poderás deixar, junto conosco, o teu cunho. Isto sabes que acontece e de forma alguma desmerece o nosso trabalho; às vezes, pode até acrescentar, o que me deixa feliz.
>
> Quando tiver a oportunidade de retornar, trataremos do nosso trabalho propriamente dito.

A nossa atividade relativa ao livro citado foi prosseguindo e, no dia 17 de dezembro do mesmo ano, eu tive mais uma abençoada oportunidade de conversar com meu querido pai espiritual, através do médium já tantas vezes aludido. Aquele ensejo proporcionou-me uma grande alegria e bem-estar, como se eu tivesse, ao final, armazenado em mim energias novas que me abasteceriam o espírito por algum tempo, encorajando-me cada vez mais para essa tarefa e para realizá-la cada vez melhor.

Interessante é aqui destacar que na manhã seguinte,

dia 18 de dezembro, ao invés de prosseguirmos o nosso trabalho rotineiro, ele passou-me uma mensagem de ordem particular sobre o acontecido na noite anterior, revelando sentimentos semelhantes aos meus, advindos de tão significativo contato.

Tão feliz ele se mostrava que compôs um agradecimento a Deus em forma de prece, que transcrevo na íntegra, a fim de que todos nós aprendamos a elevar o pensamento ao Pai, para agradecer os momentos felizes que nos concede, o que muitas vezes esquecemos, lembrando-nos d'Ele somente quando os problemas assoberbam nossa vida, as dificuldades se fazem, e delas queremos nos libertar imediatamente.

Que as graças que nos envolvem, concedidas pelo Mestre Maior e pelo Pai Celestial, possam permanecer em nossos espíritos, alimentando-os ainda por muito tempo. Tendo os nossos espíritos saciados do convívio que nos irmana mais profundamente, a nossa felicidade é muito grande, auxiliando-nos a que o nosso trabalho seja cada vez mais purificado, porque nós nos sentimos purificados, enlevados, extasiados e amados.

Que Jesus te abençoe, filha, e abençoe a nós ambos com as benesses que sempre nos proporciona! Vez por outra ainda temos um acréscimo dessas graças que ele derrama sobre nós, e que fazem com que nos sintamos cada vez mais estimulados a erguer os olhos ao Pai e agradecer.

Pai querido, obrigado por tantas graças que

nos concedes desde as primeiras horas da manhã em que temos a alegria maior desse convívio, para deixar aqui os ensinamentos que teu filho veio nos trazer e que ainda não chegaram a tantos! Obrigado, Senhor, por permitir que nos fizéssemos um servo das tuas palavras, espargindo as bênçãos dos teus ensinamentos, através das nossas próprias palavras!

Obrigado, Senhor, por permitir que esta filha amada pudesse transmitir ao mundo tudo o que este pai deseja e que não tem a possibilidade de fazê-lo, não fosse por suas mãos!

Obrigado, Senhor, por tudo o que nos proporciona, muito mais do que nós próprios merecemos, mas nos esforçamos, também, Senhor, para que um dia nos tornemos dignos de todas as graças que, por antecipação da tua misericórdia, nos dispensas!

Obrigado, Senhor, porque vivemos em espírito ligado a Ti!

Obrigado, Senhor, porque vivo momentaneamente encarnado através desta filha!

Por tudo, Pai amado, te agradeço e te agradeço também pelo que ainda vai nos conceder, quando um dia, pela tua ajuda, virmos todos os nossos livros em muitas mãos, levando o conhecimento de tudo o que aqui, teu filho veio trazer! Aí, sim, meu Pai, o nosso trabalho estará completo, o nosso coração feliz de poder também ter contribuído com a nossa simples parcela, na tua seara.

Felizes estaremos da missão cumprida e, quem sabe, preparados para que nova oportunidade se nos achegue, determinada por ti! Quem sabe um regresso neste mundo de encarnados para ressarcir o que ainda nos resta de débitos antigos, mas, já apoiados em ti, possamos, não só resgatar, mas também trabalhar, como um batalhador, como um soldado que vai a campo defender o seu Senhor.

Eu quero ser, Senhor, o teu soldado mais dedicado, o mais ferrenho na luta do amor, da caridade, para que, ao regressar novamente a teus pés, eu possa dizer: – Aqui tens, Senhor, tudo o que conquistei para ti!

Vê, filha, como o meu coração está feliz hoje e deves saber por quê. A alegria que tivemos ontem, daquele contato que já se fazia tão escasso, foi muito grande e renovaram em mim e sei que também em ti, as esperanças, a fé no nosso trabalho e no nosso próprio futuro, no mundo espiritual. Quiçá, novamente a terei comigo como uma lutadora também, que leva ao soldado do Senhor a água de que ele necessita, quando as lutas se fizerem muito acirradas. Aquela lutadora que enxugará a testa do soldado quando o sol causticante quiser derrubá-lo, de tão escaldante.

Que Jesus permita eu tenha essa lutadora junto a mim, para que um dia, soldado e lutadora possam levar ao Senhor o resultado do seu trabalho.

Hoje pedi permissão para que nada escrevêssemos sobre o nosso livro. Precisava extravasar essa alegria contida em mim, e queria que dela soubesses também.

Que Deus te abençoe, filha, e que nos abençoe a ambos, para que possamos continuar ainda por muito tempo esse nosso trabalho, e que, como intermezzo, possamos ter momentos de tanto enlevo como o que tivemos ontem, para que um impulso muito maior possa ser dado ao nosso ânimo, transmitindo-nos força para sempre continuarmos.

Que as bênçãos do Pai Eterno se eternizem também em ti e em nós, sempre, sempre!

Um beijo muito fraterno deste pai que te ama, que espera muito de ti, não só nestes momentos em que trabalhamos, mas como a lutadora que levará o alento ao soldado do Senhor.

Deste sempre teu pai,

Eça

Tão significativa foi essa oportunidade, porque após, por razões que eu não saberia explicar, mas reputo como o cumprimento dos desígnios de Deus, nunca mais fomos agraciados com esse convívio através da palavra falada, como se ambos encarnados fôssemos, e que, embora momentâneo, trazia muita alegria a nossos espíritos.

3

O ANO DE 1992 estava se findando e nos aproximávamos das comemorações natalinas, época em que os pensamentos ficam mais sublimados, mudando até a atmosfera que nos circunda. A união familiar se renova e se estreita, e presentes são trocados para assinalar tão significativa data. É justamente sobre um desses presentes que desejo falar.

Na reunião familiar que efetuamos anualmente na noite de Natal, eu recebi, como presente de minha cunhada, uma coleção completa das obras de Eça de Queirós, editada em Portugal e encadernada, composta de vinte e seis volumes. Todos os seus romances e contos, toda a sua correspondência, tanto particular – cedida por deferência daqueles a quem era dirigida – quanto a que fazia parte dos periódicos da época para os quais ele escrevia, e que pôde ser recolhida após a sua partida deste plano, bem como as obras organizadas postumamente com o que ele havia deixado sem publicação.

Ao abrir tão volumoso pacote, e ao deparar-me com o seu conteúdo, as lágrimas assomaram-me aos olhos, extravasando a minha emoção e a grande alegria daquele momento. Eu tinha, em mãos, uma preciosidade. Era todo o trabalho que ele realizara como Eça de Queirós e que lhe trouxera o prestígio e a fama de que seu nome desfruta até hoje no mundo literário. Ali estava reunida, em vinte e seis volumes, toda a dedicação de uma vida a um trabalho que era a sua razão de viver. E, se assim eu o considerava, eu tinha, em minhas mãos, a sua própria vida, a que transcende a efêmera duração de um corpo físico e permanece eterna, por tudo o que ele havia eternizado nela.

Eu já possuía alguns volumes avulsos de sua obra, e já os havia lido, mesmo antes de sua chegada para esta tarefa, mas aquele presente, além do que traduzia por si mesmo, tinha, para mim, um significado muito maior. Era a crença de quem me presenteou, na autenticidade da presença de Eça de Queirós, entre nós, quando tantos descriam.

Se essa obra, verificada por ele, após, como espírito imortal, sem as barreiras que o corpo físico impõe, não o satisfez, ela é importante para o mundo, sobretudo para Portugal, seu berço pátrio naquela existência, e para as letras portuguesas, cujo impulso de renovação e modernidade lhe são devidos.

Afora isso, podemos considerá-la como o parâmetro no qual ele se firmou para mostrar ao mundo que hoje está modificado, e que seus objetivos agora são outros. Não fosse essa obra, não fosse o seu nome que se tornou conhecido além das fronteiras de seu país de origem, como demonstrar, em bases concretas, que podemos nos modificar? Se tivesse se mantido anônimo, como compararíamos o que ele foi com o que hoje é? Se tivesse retornado para esse trabalho que realizamos, com um pseudônimo, ou se eu, a conselho dos que desconheciam seus objetivos mais íntimos e profundos, tivesse concordado em lhe dar um nome que não lhe pertencia, apenas para que fosse aceito, como os seus propósitos se cumpririam?

Um poeta, por mais seja um fingidor, como proclamou Fernando Pessoa, em seus famosos versos, deixa transparecer em sua obra o seu modo de ser, os seus gostos e tendências, e Eça de Queirós, apesar de prosador, não fugia a essa regra. Seu espírito crítico como um observador agudo que o era, estava sempre pronto a apontar erros e a levantar problemas, tanto políticos quanto sociais e familiares, tratando-os, as mais das vezes, de modo irônico e mordaz, conquanto nunca tivesse se importado em apresentar sugestões que os minimizassem. Por isso sua obra de agora é diferente, mas deixarei aos leitores que façam as suas comparações e o seu próprio julgamento.

De posse de toda aquela sua obra, eu procurei, em primeiro lugar, tomar conhecimento da sua correspondência, a que ele trocava com os amigos, também escritores, na qual predominavam os assuntos literários, muito mais que os de ordem particular. Essa leitura trazia-me grande satisfação, pois dava-me a impressão de que me aproximava mais dele, penetrando mais intensamente no espírito do escritor, conhecendo-o melhor, também, como o ser humano que foi.

Entretanto, sem que nunca nenhum comentário tivesse sido feito por parte dele, eu percebia, intuitivamente, que tal leitura não era do seu agrado, fazendo-me lembrar a sua recomendação para que eu deixasse de ler biografias de Eça de Queirós, e me aplicasse a leituras sobre Getúlio Vargas, quando o seu livro seria retomado.

Com o findar de um ano que fora bastante profícuo em relação a esta tarefa que desempenho com Eça, assim como haviam sido os anteriores, desde que ele se apresentara, um novo ano – o de 1993 – chegava com novas esperanças.

Sabemos que a divisão do nosso calendário em períodos, cujo mais extenso é o ano, é muito benéfica para nós, encarnados, sobretudo se temos o hábito salutar de analisar as nossas ações praticadas, para, a partir de então, estabelecermos novas metas que esperamos, sejam sempre melhor sucedidas.

A mudança de um ano para outro é um estímulo ao nosso espírito que vê uma nova oportunidade de replanejar a vida, corrigindo erros, superando fracassos e até valorizando as vitórias, compreendendo sempre que o que nos acontece de bom, é resultado da magnanimidade de Deus, que deseja sempre o melhor a Seus filhos, entendendo também, que, se mais não temos, é por nossa própria renitência em permanecermos indiferentes.

Se assim não fosse, o que seria o findar de um ano e o início de outro, senão uma sequência cansativa e inin-

HISTÓRIA DE MUITAS HISTÓRIAS | 153

terrupta do tempo que segue seu curso sem se importar conosco? Todavia, se ele segue altivo e indiferente, cabe a nós, como seres encarnados em oportunidade evolutiva, nos importarmos com ele, e não lhe sermos indiferentes. O tempo é um bem precioso que temos a nosso dispor e nunca devemos deixá-lo passar, sem nada realizarmos de benéfico aos outros e a nós mesmos, mas nos agarrarmos a cada minuto que o dia nos ofereça, no desejo intenso de torná-lo produtivo.

Dessa forma, o ano de 1993 iniciava-se pleno de esperanças. O livro no qual trabalhávamos ia se avolumando, não obstante os percalços a que a sua recepção nos obrigava, pela própria natureza do que era transmitido, como também pelas personagens envolvidas. Porém, muito mais que tudo isso, pela espiritualidade infeliz que desejava impedir a sua transmissão e que permitiam, fosse se achegando, como a oportunidade de lhes proporcionar auxílio, a fim de que pudesse, depois, recomeçar em novas bases, esquecendo mágoas, prejuízos e desejos de vingança. Foi um período de sofrimento para todos os envolvidos nos acontecimentos narrados, e a dificuldade se fazia presente em muitos meios, até no nosso trabalho de recepção, bem como em relação à compreensão posterior do que havíamos escrito. Em razão disso a assistência espiritual, durante a sua realização, precisou ser aumentada.

Penalizado com a dificuldade que eu tinha para decifrar posteriormente, o que ele havia me deixado, pois, conforme já me referi, recebia-a semimecanicamente, o autor espiritual houve por bem modificar a forma de transmissão, avisando-me que tentaríamos uma nova modalidade de escrita, que eu faria com minha própria letra, evitando rabiscos indecifráveis, e muita perda de tempo que poderia ser aplicado aos outros afazeres que só a mim competiam nessa tarefa.

Assim, mesmo antes do término do livro em questão, fizemos uma tentativa que Eça considerou bem-sucedida, no dia 20 de janeiro de 1993. Entre estímulo e considerações, ele passou-me uma prece que, segundo sua recomendação, eu deveria fazer antes do início do nosso trabalho, na manhã seguinte, para que uma ligação maior entre nós se estabelecesse e a experiência saísse a contento para nós ambos.

Continuamos, pois, nessa nova forma de escrita psicográfica e o livro se completou. Como se tratava da história de um espírito obstinado em suas ações, transmitida como exemplo a tantos que poderão se ver enredados pelas convicções errôneas em situações semelhantes, mas, obstinados, não aceitam conselhos nem esclarecimentos que possam aliviar-lhes ou até evitar muito sofrimento, ele recebeu o título de *Obstinação*.

Esse livro narra algumas das encarnações desse espírito, justamente aquelas cujos compromissos tiveram estreita relação com os acontecimentos já referidos. A finalidade maior era mostrar o que pode acontecer, muitas vezes, em que um espírito se prepara, promete, se angustia quando erra, se já conseguiu progredir um pouco em alguns setores, mas, no momento do testemunho maior para provar que realmente está modificado e sabe

HISTÓRIA DE MUITAS HISTÓRIAS | 155

enfrentar os testes, passando ileso por eles, novamente deixa aflorar em si aquela revolta e obstinação que lhes são próprias. Acaba, assim, reincidindo no mal, para novamente sofrer por ter perdido oportunidades valiosas de evolução espiritual, pelo ressarcir de débitos, pela compreensão maior diante de situações que lhes são adversas, demonstrando que sabe superá-las com isenção.

Em relação a esse livro, um fato curioso ocorreu mesmo antes de ele começar a ser transmitido.

Uma manhã eu acordei trazendo na mente um endereço, que, por algum estudo que havia feito da língua alemã, concluí que deveria ser de algum lugar da Alemanha...

Aquele nome – LINDENBERGSTRASSE, 49 – permaneceu durante muito tempo em minha mente, e deixava-me intrigada, sem saber o que significaria.

Naquela última conversa que mantive com Eça, eu lhe falei sobre tal endereço, indagando se teria alguma ligação com o nosso trabalho ou com nós próprios.

Ele, contudo, sem nada me dizer sobre isso, pediu-me que eu mandasse investigar, que aquele endereço poderia ser encontrado, talvez em Berlim, talvez em Munich e nada mais acrescentou.

Como ainda não tinha outras informações que pudessem facilitar a pesquisa, eu tentei, mas nada consegui.

Com o transcorrer da transmissão do livro *Obstinação*, porém, aquele endereço foi citado, fazendo-me compreender a sua veracidade, como era verídica a história que ele me transmitia.

Lindenbergstrasse, 49, fora palco de acontecimentos

terríveis, citados no livro, durante a primeira guerra mundial de 1914 a 1918, justamente em Berlim.

De posse de mais esses elementos, e com a facilidade que a Internet agora nos proporciona, uma amiga fez as investigações necessárias, comprovando a existência da rua, e acabamos por receber até um mapa das ruas de Berlim, da época, onde ela está demonstrada.

Era mais um elemento para me dar segurança das minhas intuições.

4

QUANDO O LIVRO *Obstinação* havia sido concluído, seria o momento da apresentação de Charles, uma vez que os compromissos assumidos por Eça estavam saldados.

Cumprindo, pois, o programado, na manhã de l2 de fevereiro de 1993, Eça trazia uma nova incumbência – apresentar-me esse novo irmão com quem trabalharia durante o tempo que ele julgasse suficiente para a transmissão do seu livro. Dizia-me, em mensagem escrita, que era justo que lhe déssemos a oportunidade, uma vez que ele já a aguardava de há muito, mas até então não havia sido possível pelos compromissos anteriormente assumidos para a realização do livro que termináramos.

Informando-me que ele próprio "conversaria" comigo, propondo o seu trabalho, Eça afirmou-me que não se afastaria durante aquele período, mas estaria em minha companhia, auxiliando-me no que lhe fosse possível e permitido, sem, contudo, interferir no trabalho a ser realizado.

Naquela mesma manhã, Charles transmitiu-me suas palavras, agradecendo a Deus a oportunidade de iniciar um trabalho na vinha do Senhor, cuja realização havia estado aguardando.

Em seguida ele, bondosamente, explicou-me como seria o seu trabalho, de cuja mensagem transcrevo o que é pertinente a este particular, usando das suas próprias palavras:

Trabalharemos, querida irmã que tão dedicadamente está à minha disposição, como já sabes, não com uma trama que envolverá muitas personagens e muita ação. Não, trabalharemos mais diretamente com os ensinamentos de Jesus, aqueles que ainda permanecem obscuros para tantos e ainda permanecerão por muito e muito tempo.

Nós procuraremos, a cada dia, tomar uma de suas parábolas, da qual extrairemos uma pequena historieta que servirá para desvendar os seus mistérios obscuros a tantos, e que, pelo exemplo demonstrado através de alguma personagem, – sempre poucas – esclarecer os nossos leitores.

Teremos um número suficiente de histórias para formarmos um livro, e após, novamente o teu querido pai Eça, o nosso irmão José, estará contigo para a continuidade deste seu trabalho.

Não te sintas abandonada por ele que te ama e estará sempre em tua companhia, e também conosco durante a realização deste trabalho. Não desejo que tenhas receio e me recebas, não direi com o mesmo amor com que o recebes, mas com a dedicação que tens demonstrado na realização desta tarefa.

O trabalho foi iniciado, e, conforme eu fora prevenida, bastante diferente do realizado por Eça, mas, da mesma forma, de um valor inestimável pelos ensinamentos morais e esclarecimentos que encerra. À sua leitura podemos verificar que as histórias são simples, pois, conforme ele mesmo esclareceu, se desejava explicar não poderia complicar, e quase todas falam de Jesus. Em grande parte delas, temo-Lo como participante ativo, conversando com seus discípulos e seus seguidores, transmitindo ensinamentos e exemplos edificantes, pois, vindos Dele não poderiam ser diferentes. Para a utilização do nome de Jesus como protagonista de muitas das suas histórias, ele afirmou-me, em mensagem escrita, que obtivera autorização, pois tornaria os ensinamentos mais autênticos, persuasivos e consistentes, auxiliando-o nos propósitos que trazia.

Esse novo trabalho prosseguia, contudo, embora sentindo a presença constante de meu pai espiritual, durante o seu transcurso, faltava-nos o contato mais estreito ao qual já nos habituáramos na realização da nossa tarefa.

Num final de tarde, dia 28 de fevereiro de 1993, quando me recolhi para as minhas orações do findar do dia, como é de meu hábito, e como sempre nessas ocasiões sinto a presença de Eça, eu percebi que ele desejava escrever. Ao encerrá-las, coloquei-me à sua disposição e obtive dele uma bela mensagem na qual expressava o seu agradecimento e a sua alegria por eu ter compreendido o seu apelo, e, revelando-se saudoso daquele convívio, explicou-me:

Sabes que a vida de um escritor é escrever, mesmo que seja com braços emprestados, não importa, é o que temos para isso, e sinto-me feliz que esses braços sejam teus.

Mais adiante, referindo-se à tarefa que realizávamos, ele assim se expressou:

... quando o primeiro livro for aceito, os outros todos irão atrás, porque tenho a certeza de que serão bem recebidos pela maioria das pessoas simples que, muitas vezes, recusam as leituras por não compreendê-las.

Dia virá que todo o nosso trabalho será aceito! Dia virá que compreenderão que Eça de Queirós mudou, graças a Deus!

Dia virá que não mais compararão o que um escritor do mundo espiritual escreve, com o que deixou quando encarnado!

Dia virá , filha, que esse entendimento se fará a muitos, e aí, então, os meus livros, os livros de Eça de Queirós, o mesmo escritor de outrora, imbuído de outros propósitos, serão reconhecidos. Não como uma cópia do outro Eça, mas como um novo Eça que quer provar que o espírito progride, basta que para isso trabalhe e saiba aceitar os sofrimentos que, muitas vezes, lhe são impostos.

Esse novo Eça será aceito como um servo do Senhor que aqui volta trazendo a sua palavra, os seus ensinamentos de forma clara e simplificada, sem que necessite ter nenhum vínculo com o outro Eça, senão a vontade de escrever, senão o mesmo espírito que animou aquele corpo que lhe serviu de instrumento para o que aqui deixou.

Devemos entender a todos que nos recusam, filha, pois que eles, por enquanto, e graças a Deus que não ocorre com todos, precisam de provas, têm receio de assumir uma modificação, uma vez que duvidam. Porém, tudo isso será sanado, pois há outros que já deixaram esse estágio e se encontram com as verdades espirituais mais claras dentro de si mesmos, e um pouco mais elevados. Já deixaram o degrau que os apegava à Terra e, embora encarnados, têm os olhos voltados às verdades espirituais e não mais necessitam de provar nada.

Ou cremos ou não cremos! Basta que analisemos toda a obra em si e os propósitos nela contidos. Um mistificador não conseguiria manter uma obra até o fim, sem revelar-se. Que dirá, então, um trabalho que já se compõe de muitas?

Quando o momento chegar, serás encaminhada a levá-los àqueles que a compreenderão e a aceitarão, para a nossa alegria.

5

TODOS OS QUE se encontram encarnados neste planeta de provas e sofrimentos, têm, pela bondade de Deus, momentos felizes e promissores, mas têm, também, momentos dolorosos, quando chegam os resgates dos débitos.

Nessa alternância, vamos vivendo e aprendendo, até a hora do retorno ao mundo espiritual, ressarcidos, se soubermos enfrentar as provas com entendimento e resignação; mais comprometidos, se pautarmos nossa vida por atos contrários aos que Jesus nos prescreveu como norma de vida sadia, e até perdendo oportunidades, se não soubermos valorizar o momento que nos foi concedido, revoltando-nos.

O ano de 1993, a par do trabalho que eu realizava, foi escolhido, pela Providência Divina, para me obsequiar com a oportunidade de saldar alguns compromissos acumulados em minhas diversas existências.

Sabemos que, ao nos encontrarmos preparados, a cobrança vem. Graças a Deus assim acontece, pois, se esta-

164 | WANDA A. CANUTTI

mos prontos, a enfrentamos com destemor, não obstante em lágrimas, mas com confiança porque sabemos, não estamos sós. Ainda mais, pelo apoio que os esclarecimentos da doutrina espírita nos transmite, entendemos que a merecemos e que, pela misericórdia e bondade de Deus, pagamos muito menos do que devemos.

Nesse ano, portanto, os problemas mais sérios de saúde se achegaram, impedindo-me de prosseguir em todas as minhas tarefas. Tendo que reduzi-las, optei por continuar esse trabalho por compreender os seus objetivos, por saber das dificuldades que envolvem a autorização para uma realização dessa ordem e que não poderia ser prejudicado, e por saber das suas finalidades tão benéficas e de tão grande alcance. Isto sem falar na alegria e no prazer que sentia em executá-lo, não só pela tarefa em si, mas pela convivência mais estreita com meu pai espiritual, deixando alguns dos outros, aos quais já havia me dedicado durante alguns anos.

As limitações que a enfermidade me impôs, impediram-me, também, de continuar a frequentar as duas casas espíritas às quais emprestava a minha colaboração e das quais recebia tanto amparo, e fui obrigada, pela distância de minha residência, a deixar justamente aquela em que eu tivera, pela primeira vez, a palavra falada de Eça de Queirós e onde ele, pacientemente, me iniciara na escrita, desde os primeiros rabiscos.

Em razão das preocupações que toda essa situação me provocava, no dia 10 de março de 1993, Eça transmitiu-me uma mensagem que, apesar do sábio aconselhamento que encerra, se constituiu numa advertência que servirá também a muitos, em idênticas condições, porque situações que preocupam, todos os que passam pela existência terrena, vez por outra têm que lhes sentir o peso.

Ele chamava-me a atenção, dizendo da preocupação que cada ser encarnado deve ter com a saúde, pois que o corpo é o instrumento do espírito e, quanto mais bem--estar ele sente, mais oportunidades tem o espírito de cumprir as tarefas para as quais veio à Terra. Entretanto, quando esses cuidados são exagerados, ao invés de ajudar a saúde, só piora mais. Explicou-me também que, ao assumirmos esse posicionamento, entidades do plano espiritual com as quais temos débitos, conseguem aproximar-se e, com finalidades demolidoras, exacerbam receios. Elas sabem dos nossos pontos mais sensíveis e vulneráveis às influências espirituais, e assim trabalham a nossa mente, para que as preocupações tomem rumos inadequados, dificultando a nossa recuperação.

No dia 22 do ainda mês de março, Eça, no mesmo horário em que eu trabalhava com irmão Charles, apresentou-se com uma mensagem, através da qual, depois de pedir as bênçãos de Jesus, disse que deveríamos "conversar" um pouco e, para isso, pedira permissão ao irmão do plano espiritual para tomar-lhe o lugar, naquela manhã.

Pedi permissão ao irmão Charles para que
aqui pudesse estar num aconchego mais íntimo,
para transmitir-te algumas palavras que possam
levar um pouco de alegria ao teu coração!

Não possuo, como nosso irmão, a sensibilidade aos assuntos evangélicos, mas trago-os no meu coração e tenho me esforçado para colocá-los em prática, tendo sempre como pano de fundo e ponto principal, Jesus, para que ele direcione todas as minhas ações, e eu não erre no grande palco do Universo.

Tenho me esforçado, também, filha, para que ele seja o teu ponto, o teu direcionamento, pois que só seguindo os seus ensinamentos, estaremos em nossa vivência, nesse grande palco, dando os passos certos e falando apenas aquilo que devemos.

Estou feliz, não por ver-te sofrer, que sabes, abarcaria o teu sofrimento para ver-te feliz, mas estou feliz da forma como tens aceitado o que ainda tens a passar, da forma como tens te conduzido, nada interrompendo, de nada se afastando, e enfrentando, filha, mesmo em sofrimento, as responsabilidades do teu trabalho, sabendo conduzir-te nos momentos difíceis de testemunho.

E assim ele prosseguiu nos mesmos moldes, estimulando-me, encorajando-me no difícil período por que passava, entretanto, se ele me louvava por eu nada ter interrompido até então nas minhas tarefas, no final daquele mês em curso, quando os problemas de saúde se acentuaram, fui obrigada a suspender temporariamente todas as minhas atividades e, quando tive a possibilidade de retornar, precisei fazer a opção que relatei há pouco.

HISTÓRIA DE MUITAS HISTÓRIAS | 167

O trabalho que realizava, ainda com irmão Charles, viu-se interrompido por alguns dias e, ao dar prosseguimento, logo após, em 15 de abril, Eça apresentou-se novamente e passou-me outra mensagem. Entre os vários assuntos, alguns não pertinentes a esta história, ele assim se expressou em relação ao trabalho que desempenhávamos, acentuando pontos que agora integram o seu espírito e que constituem a causa primordial dessa sua tarefa atual.

Já pensaste, filha, se após quase um século que deixei uma obra na Terra, e após muito ter sofrido, aprendido e me esforçado, fizesse uma repetição do que já fiz, apenas para agradar àqueles que ficam procurando detalhes para comparar, se nada daquela obra, agora, está em acordo com meus novos objetivos?

O que eu criticava, filha, agora procuro compreender. O sarcasmo e o riso com que interpretava situações, hoje procuro vê-las com o coração e, se não posso aceitar, também não as trato com ironia.

Aqueles que critiquei, aqueles a quem respondi críticas e ataques que me eram feitos, hoje procuro entender. Quando aqui vivemos como encarnados, os nossos objetivos são outros. Ainda temos antigos ranços do olho por olho, mas agora, tanto tempo passado, procuro entender cada fato de forma a desculpar aqueles que não consegui compreender naquela ocasião, e já aprendi que não era criticando da forma como eu o fazia, que iria modificar o íntimo de cada um, nem a sociedade corrupta em que vivia. Os homens progridem, outros continuam os mesmos e a sociedade, sempre viciosa, continua. Apenas, com o passar do tempo, os vícios mudam. O que importa, filha, é o aprendizado em Jesus, é interiorizar os seus ensinamentos, aos poucos, com docilidade, com exemplos no bem. Por isso, entendendo tudo isso é que volto. Onde era crítica, coloco um exemplo; onde encontrava um erro, procuro colocar um ensinamento; onde havia o vício, procuro mostrar uma virtude. Esse é o verdadeiro modo de compreender sem criticar, de ensinar e de exemplificar.

O tempo foi transcorrendo e o trabalho de recepção do livro de Charles completou-se.

Ao todo, sessenta mensagens em forma de orientação, comentários, histórias, sobretudo sobre as parábolas de Jesus, formando um precioso feixe que, ao sair a público, levará uma grande contribuição para o esclarecimento e a reflexão salutar e bem direcionada de muitos, iluminando-os cada vez mais, basta que apreendam os ensinamentos nele contidos e procurem incorporá-los aos seus espíritos.

A esse feixe tão precioso, o autor espiritual denominou *Feixe de luz*, fazendo-nos lembrar a citação do Evangelho de Jesus, segundo o espiritismo, trazida pelo Espírito de Verdade, quando diz: *...como um segador, liguei em feixes o bem esparso pela humanidade e disse: "Vinde a mim, todos vós que sofreis!"*

6

Terminada a tarefa com irmão Charles, novamente Eça retornou ao seu horário habitual, iniciando um novo romance, em 12 de maio de 1993.

Era o sétimo desta tarefa e o sexto de Eça e, na manhã de 21 de julho de 1993, cinco dias antes da sua conclusão, tivemos nova "conversa" através da escrita, apesar de ser, conforme ele mesmo afirmava, um solilóquio, ocasião em que fez alguns comentários sobre o assunto nele abordado. Eu os transcreverei abaixo, porque eles me eximem de comentários outros sobre o mesmo assunto, uma vez que são feitos pelo autor espiritual com muito mais propriedade.

O nosso livro está chegando ao seu final, já o percebeste, e coloquei em teu espírito o nome que deverá ter. Sim, filha, *Almas a caminho da redenção* é o nome adequado a ele, quando espírito tão mau, tão empedernido, foi sensível aos apelos que lhe foram endereçados e rendeu-se ao amor materno.

Almas a caminho da redenção, pela nossa personagem encarnada, a rainha do lar, a esposa ferida e magoada, tão apegada aos seus ressentimentos, também não se furtou ao apelo comovente de outra mãe, embora a tenha feito sofrer muito.

Poderemos também incluir, nessa redenção, a nossa personagem masculina que, ingênuo, levado pelos apelos da lascívia, deixou-se emaranhar num todo que o enredou de tal forma, provocando sérios problemas em seu lar. Mas, quando deu acordo de si, percebendo com quem lidava e, no emaranhado em que se encontrava, também arrependido, pedindo perdão, caiu na realidade de suas ações e também se redimiu.

Mas, tudo isso, filha, não impediu que pelo caminho fossem ficando almas revoltadas, almas feridas, e aquelas inocentes meninas relegadas a si mesmas.

Porém, elas também serão resgatadas, e o bem que sempre deve vencer, vencerá, coroando os esforços de cada um para se melhorar e passar a aceitar situações, que, de início, lhes eram repelentes.

Após essas explicações, ele abordou um outro assunto relativo ao livro *Obstinação*, já concluído, comunicando-me que tão logo *Almas a caminho da redenção* terminasse, eu teria novamente irmão Charles, que fora incumbido pelo mentor espiritual d'O Consolador, de acrescentar uma última parte à narrativa, em razão de situações ocorridas após, e vencidas, quando aquele espírito obstinado já se encontrava no mundo espiritual. Ele sofria e fazia sofrer aqueles mesmos que haviam passado por situações difíceis por causa da sua obstinação, pelas convicções errôneas que ainda abrigava consigo, cujo relato seria importante pelos exemplos que trazia, mostrando que não é porque um espírito passa para o mundo espiritual que se modifica imediatamente, como muitas pessoas podem pensar, atribuindo-lhe qualidades santificantes.

Esse epílogo fechava o livro de vez, mostrando todos os esforços dos benfeitores espirituais para ajudá-lo, daqueles mesmos que tanto já haviam se empenhado enquanto ele ainda estava encarnado. Utilizando-se dos mais variados recursos, conseguiram fazê-lo entender o erro no qual estava imerso, e o seu sofrimento passou a ser maior por compreender o quanto havia estava errado, o quanto havia feito sofrer e havia sofrido, e o que é mais importante, a oportunidade preciosa de redenção que havia perdido.

Ele informava-me, também, que o livro, ao ser publicado futuramente, deveria levar os dois nomes – Eça de Queirós e Charles.

Quando a parte do livro *Obstinação*, que coube ao espírito Charles realizar, estava concluída, no dia seguinte, 13 de agosto de 1993, novamente Eça retornou para o nosso trabalho e, externando a sua alegria, disse-me:

Sinto-me contente e muito feliz de que mais um trabalho nosso – agora direi – tríplice, esteja pronto, conforme o desejo de nosso querido irmão em Cristo nos solicitou.

Ele também está feliz por ver aquele trabalho se completar como deveria, com todos os detalhes necessários à compreensão de nossos compromissos aqui neste orbe, quando nos deixamos levar pelas nossas imperfeições.

Em seguida, após outras considerações, referindo-se ao nosso trabalho como um todo, relacionando-o à sua obra aqui deixada como Eça de Queirós, falou-me:

Sei que acumulas muito trabalho que esta minha mão te impõe, tão sequiosa sempre de escrever e escrever. Mas, filha, sei que me compreendes e não devemos deixar perder oportunidade tão valiosa a nós ambos e, todas as horas que pudermos, apliquemo-las a este trabalho que está sendo muito benéfico ao nosso espírito.

A mim que tenho o ensejo de me liberar das preocupações da obra de Eça, embora ela aqui esteja, mas, se puder colocar no lugar de cada um daqueles livros, outros contendo a recreação que é um bem a nós todos, conjugada a exemplos de vida, a ensinamentos de Jesus e às verdades espirituais, dar-me-ei por feliz. Por isso, filha, sou ávido de escrever agora, porque essa nova obra de Eça tem para mim, também, a função redentora a meu espírito.

A ti, filha, pelo dedicar de todas as horas a ele, com o amor com que o fazes, muito também está pesando na tua balança, no lado em que acumulas as boas ações. Por isso, trabalhemos nós ambos, o mais que pudermos, que nenhum dos nossos minutos será perdido no cômputo geral de todas as nossas horas, para o nosso progresso espiritual.

No dia 16 de agosto de 1993, ele começou novo livro mas, até então, eu ainda me ocupava do acabamento final de *Getúlio Vargas em dois mundos*, um trabalho minucioso de verificação de todos os detalhes históricos narrados e, no mês de setembro, ele se encontrava pronto.

No dia 28 de setembro do mesmo ano, Eça, zeloso das suas responsabilidades, como o são todos os que se encontram no seu estágio evolutivo, demonstrando a sua satisfação por ver completo um trabalho para cuja realização havia assumido o compromisso, entre outros pontos abordados em uma mensagem, falou-me:

A obra está pronta, o nosso compromisso terminado, o nosso irmão feliz, e você também, por ter completado um trabalho tão preocupante que lhe impus.

Estou feliz, filha! Ele, pronto, é o que eu pretendia, é o que o nosso irmão desejava, e segundo as orientações que o nosso mentor transmitiu.

Veja como esse livro correspondeu a todos esses anseios e por isso repito, estou feliz, muito feliz!

Esteja também, e compartilhe conosco da nossa alegria, para que ela seja multiplicada ainda mais!

Vejo, filha, aproximar-se o momento em que alguma porta se abrirá ao nosso trabalho. Quem sabe não será esse mesmo que deveria tê-la aberto há tempos atrás? Mas, isso não importa e sabemos que tudo tem seu tempo certo. O tempo certo, sinto, filha, está próximo.

O senhor Amélio Fabrão Fabro Filho, sabedor desse trabalho que realizávamos sobre tão significativa e discutida personagem do cenário político brasileiro, mostrava-se ansioso por vê-lo pronto e, quando dei por completa a parte que só a mim competia, ele o levou para ler. Entusiasmado pelo assunto, pelos ensinamentos que contém, pelo exemplo que pode servir a tantos em posição semelhante, neste orbe, o senhor Amélio, encontrando-se em um movimento de divulgação do livro espírita, com o doutor Elias Barbosa, falou-lhe sobre o livro, cuja leitura nem ainda completara, tecendo alguns comentários. Espírita emérito, trabalhador incansável e pessoa de renome dentro da literatura espírita, com muitas obras publicadas, não só de sua autoria como as que levam o seu aval, o doutor Elias interessou-se em lê-lo.

Mesmo sendo avisado de que o estilo do autor espiritual havia se modificado, disse que isso não era relevante, acrescentando que não seria possível a um autor manter o mesmo estilo, depois de ter deixado sua obra na Terra há quase um século. Pedindo que o livro em questão lhe fosse enviado, o senhor Amélio telefonou-me solicitando a minha autorização para fazê-lo, e eu, feliz por notícia tão promissora, respondi-lhe que não só podia como deveria, e ele mesmo, assim que completou a sua leitura, encarregou-se da remessa.

Voltando o pensamento a essa última mensagem de Eça, quando ele dizia sentir estar próxima a abertura de uma porta que daria passagem a nossos livros, e como sabemos, o acaso não existe, eu concluí que tal encontro, tal "acaso", fora preparado por ele ou pela espiritualidade maior que permitira e assessorara a realização desse nosso trabalho. Chegado era o momento de tudo o que já possuíamos acumulado, tomar um rumo, que para isso fora criado, bastava que o primeiro livro encontrasse o seu caminho em direção aos leitores.

O doutor Elias, com o conhecimento e a lucidez para os assuntos doutrinários espíritas, com a experiência que acumulou dedicando sua vida à obra dessa abençoada doutrina que esclarece e conforta, analisando e encaminhando tantos e tantos livros, com certeza, já estava escolhido para encaminhar *Getúlio Vargas em dois mundos*.

Posteriormente, conversando com ele a esse respeito, ele disse-me que não sabia o que fora fazer naquela reunião, porque não costumava participar de nenhuma delas.

Aquele que deveria ter sido o primeiro a ser transmitido, o porta estandarte que abriria caminho a todo trabalho de Eça, mesmo depois de dificuldades e percalços, mesmo sendo o quinto livro passado por ele, o planejado se cumpria e ele seria o primeiro a sair a público.

O livro em mãos do doutor Elias, pessoa com inúmeros compromissos tanto de ordem profissional como médico que o é, e como abnegado propagador da doutrina espírita, com elevado conhecimento de todos os seus postulados, tinha o seu tempo muito limitado, mas eu esperaria o quanto fosse necessário. O seu aval colocaria em xeque qualquer comentário de algum leitor mais contumaz, e seria um importante atestado da autenticidade do autor espiritual, ainda mais que, mais tarde, entrando em contato com ele, tive a satisfação de ouvi-lo ratificar a sua opinião quanto ao atual estilo de Eça, cujos esclarecimentos ele exporia no prefácio que, a meu pedido, gentilmente, concordou em fazer, agradecendo a confiança nele depositada.

Muito mais que essa confiança proclamada por ele, era a que ele depositava em nós. Em mim, desconhecida como médium, mas receptora de um trabalho de capital importância para a personagem política que precisava desse livro para sua própria redenção, e no autor espiritual, cuja reputação como escritor, enquanto encarnado, ultrapassou as fronteiras do seu país de origem, sobrevive até hoje e sobreviverá sempre, mas trazia um novo estilo que, pela simplicidade, era estranho a muitos que duvidavam.

Importante é aqui relatar que novamente nesse ano de 1993, tendo eu sido escolhida para efetuar alguns resgates de passado comprometedor, no mês de outubro, novos problemas de saúde se me achegaram, um tanto repentinamente, acumulando com os anteriormente surgidos, supliciando-me o físico, obrigando-me a interromper, por algum tempo, essa tarefa que tanto prezo.

Em 3 de novembro, quando me senti um pouco melhor e em condições de tentar um retorno, recebi, do meu querido pai espiritual, uma mensagem de muito conforto, que transcrevo a seguir. Não obstante o seu conteúdo tivesse sido a mim dirigido, outros podem utilizar-se dele, para compreender melhor os momentos difíceis pelos quais temos que passar, vez por outra, pela misericórdia desse Pai bondoso que quer todos os Seus filhos redimidos e felizes.

Diante da bondade infinita do Pai, nada é definitivo, nem a alegria nem as dores.

Vivemos neste mundo de encarnados, onde tantos débitos trazemos, num revezar de momentos tranquilos e felizes e de momentos de sofrimento e dores.

Se assim não fosse, como suportar provas tão difíceis que trazemos para ressarcir? Como valorizar os momentos de felicidade se nunca tivéssemos passado pelas dores?

É difícil, eu o sei, porque já estive encarnado muitas e muitas vezes. Primeiro cometendo desatinos, depois, quando a lucidez começou a fazer parte do nosso espírito, ressarcindo os débitos contraídos naqueles momentos. Eu sei o quanto é difícil, mas necessário. Façamos, pois, dos momentos necessários, degraus para nos afastarmos desses débitos, sabendo suportá-los com resignação, compreensão e amor, se pudermos. Compreendamos que são momentos permitidos pelo

Pai, para que os filhos entendam a sublimidade da vida e deixem de vez de praticar atos que os comprometam, pelos prejuízos aos outros e a si mesmos, mas que se aproximem mais desse Pai extremoso e querido, por perceberem que só praticando o bem é que chegarão junto d'Ele, para desfrutar de uma felicidade completa que aqui na Terra é desconhecida.

Estou feliz, filha, que aqui estejamos novamente e, tenho a certeza, o nosso trabalho será retomado; embora aos poucos e devagar, tudo retornará à normalidade em breve tempo.

A tempestade está passando, e logo um sol brilhante e belo voltará a brilhar em tua vida, não aquele causticante que queima, mas aquele que apenas traz o brilho da luz e o calor necessário para tornar nossos dias mais felizes, juntamente com uma aragem fresca que a tempestade deixa, por ter limpado o ar de tantas impurezas.

Considera-te feliz por esse período de tantas dores que o Pai te permitiu passar. Sobreviveste, embora com sofrimento atroz, mas necessário ao teu espírito e, pela misericórdia desse mesmo Pai, passamos só um pouco do muito que já fizemos sofrer.

Considera-te feliz por teres sido agraciada com as atenções desse Pai bondoso que permitiu o sofrimento que era necessário, mas permitiu, também, que ele fosse suavizado por todo amparo e ajuda que recebeste. Agradece a Deus, nosso Pai,

HISTÓRIA DE MUITAS HISTÓRIAS | 179

filha, por tudo o que passaste, porque deixaste para traz, cair no esquecimento do tempo, compromissos tão sérios que tinhas adquirido para o teu espírito.

Tenho a certeza de que agora, mais liberada de débitos, mais reforçada pela tempestade que passou, mais iluminada pelo sol brilhante que se fará em tua vida, estarás mais feliz e até o nosso trabalho caminhará melhor ainda. Mais facilidade se fará pela lubrificação e pela limpeza de mazelas que teu espírito abrigava.

Estou feliz, filha, da maneira como tens te portado, embora sofrendo, embora chorando, mas compreendendo e aceitando como sendo necessário ao teu espírito.

Muito aprendeste, muito resgataste, e agora, mais liberta e mais feliz, completarás os teus dias com o nosso trabalho que muito ainda crescerá e se multiplicará em muitos filhos que aqui ficarão cumprindo as suas tarefas no bem.

Fica feliz que teus filhos, os nossos filhos, são criaturas de bem e só o bem transmitirão, abençoando sempre a mãe que permitiu eles cumprissem as suas tarefas.

Que Jesus esteja sempre contigo, para que dos momentos de prova faças momentos de progresso, a fim de que um dia, quando partires, não tenhas apenas passado por aqui, mas tenhas te liberado de muitas marcas infelizes que trazias, e deixado marcas felizes que testarão a tua passagem por este orbe de tanto sofrimento, de tanta necessidade, mas de tantas bênçãos, pois que é nele onde ressarcimos passados infelizes, cometidos num ontem de desatinos.

Que Jesus te abençoe, filha, e te encoraje sempre, para que sempre possamos trabalhar, trabalhar, mesmo que interrompamos o nosso trabalho para que o banho da purificação possa ser feito.

7

DENTRO DAS POSSIBILIDADES que o meu estado de saúde permitia, eu continuava a minha tarefa com Eça. Foi um período difícil e pouco produtivo, entrecortado por constantes interrupções, mas reconheço, bastante profícuo ao meu espírito, que deve ter se desfeito de alguns dos muitos débitos que ainda carrega.

A nossa doutrina nos dá a compreensão do sofrimento, nos dá a força para suportá-lo, nos dá a esperança de dias melhores, mesmo que aqui não mais estejamos, porque sabemos, todo o mal que espalhamos pelos caminhos já percorridos, precisam ser ressarcidos, como todo o bem que fizermos terá a sua recompensa.

Esse é o entendimento que já trazemos em nós e, apoiados nele, procuramos fazer o melhor embora nem sempre o consigamos, pois sabemos, não é o sofrimento que os nossos débitos nos impõem, mas a forma como o suportamos que nos credita diante de Deus.

Entretanto, se além desse conhecimento, temos a

possibilidade que esta nossa doutrina nos oferece, de saber exatamente o que fizemos e porque sofremos, quando Deus entende que nos será benéfico, a nossa capacidade de suportar é muito maior.

Na oportunidade eu nada sabia, além da crença de que, se não merecesse, não estaria em sofrimento, mas após, num trabalho que teve início no final de 1994 e alongou-se por cerca de dez meses, por permissão de Deus, eu tive ciência de um passado muito longínquo e cheio de delitos praticados por mim, e que será melhor comentado quando nos referirmos a história de *Um amor eterno*, em dois volumes, já algumas vezes citado.

Em 16 de novembro de 1993, como sempre, auxiliando-me, o meu querido pai espiritual, atento ao momento difícil pelo qual eu passava, quando tantas dores ainda insistiam em me testar por problemas na minha coluna vertebral, e, sem poder retirá-las, pois cada um deve resgatar suas próprias culpas, transmitiu-me mais uma mensagem com a intenção de me fortalecer, esclarecer e orientar, estimulando-me a fazer delas lições de vida, sem esquecer também, de auxiliar os irmãos mais necessitados:

> Todos os dias aqui estamos e cada um se apresenta diferente do outro. Vivemos num mundo repleto de problemas e a todos temos que enfrentar. Todos são importantes, não pelos problemas em si, mas pela forma como conseguimos resolvê-los.
>
> Aqui estamos cumprindo tarefas, aprendendo

e auxiliando. Que façamos nós, todas as nossas tarefas, como o grande Mestre e irmão deseja! Que aprendamos em cada uma, as lições que ele próprio gostaria de nos dar, mas que esse aprendizado seja todo voltado para os seus ensinamentos! Auxiliemos no que pudermos, mesmo aqueles que nos ofendem e não compreendem o verdadeiro significado das suas lições.

Façamos, pois, nós, que já conseguimos compreender o significado de cada uma delas, a nossa parte, em auxílio, não só ao Mestre pelo reerguer de irmãos necessitados, mas para direcionar aqueles que se encontram perdidos no mar do orgulho e da vaidade.

Auxiliemos o mais que pudermos, em todos os momentos, em todas as oportunidades, mesmo aqueles que momentaneamente se afastam de nós, para que estejamos bem conosco mesmos, pelo supliciar do nosso próprio orgulho.

É fácil?

Não, não é! É muito difícil, mas são as tarefas difíceis, vencidas e bem realizadas, as mais valorizadas pelo Pai, justamente aquelas que exigiram o sacrifício das nossas horas, mas, muito mais que as horas, o sacrifício do que ainda trazemos em nós e que nos impede de progredir.

Nós, que já sabemos um pouco dos desejos do Cristo em reunir todos os seus irmãos em torno do Pai, por que não o ajudarmos, por que deixarmos perder oportunidades?

Como saber se seremos aprovados diante de Deus, nos testes que Ele nos permite passar, se não houver cada prova que irá compor o grande teste que é a nossa permanência aqui? Como sairmos daqui levando as nossas conquistas se nada conquistamos?

Partiremos de mãos vazias e, quem tem as mãos vazias, sem nada ter para levar ao Pai, nunca será recebido por Ele.

Façamos, pois, de cada oportunidade, um degrau para nos aproximarmos mais de Deus. Não importa o comportamento nem as atitudes dos outros se não pudermos ajudá-los em nada, mas importa as nossas próprias atitudes, porque somos espíritos unos em caminhada para Deus.

Cada um deve procurar o próprio caminho, e nós, que já conhecemos os verdadeiros caminhos que conduzem ao Pai, por que nos perdermos no emaranhado das nossas próprias imperfeições e retardarmos a chegada?

Ele nos espera e, quanto mais rápido chegarmos, mais feliz o faremos e mais felizes seremos. Não percamos, pois, tempo, para não nos arrependermos mais tarde.

Procuremos o nosso caminho, aquele que já sabemos, conduz a Deus, mesmo que os que convidarmos para nos acompanhar, não desejarem a nossa companhia.

Caminhemos nós, e, mais dia, menos dia, todos encontrarão esse mesmo caminho, com mais facilidade ou com mais dificuldade, dependendo do tempo que perderem, envolvidos pelas suas imperfeições.

Caminhemos nós, estendendo as mãos o quanto pudermos aos que desejarem nos seguir, mas os que as recusarem, deixemo-los, que um dia, cansados, também chegarão ao Pai. O quanto irão demorar, dependerá do tempo que perderem na caminhada.

O Pai nos espera, e é junto d'Ele que encontraremos a verdadeira felicidade, aquela que aqui buscamos mas não a encontramos, porque cada vez mais a procuramos nas coisas que o Pai não aprova.

Que esse Pai bondoso, filha, te abençoe e te dê forças para suportar as pedras que se encontram agora em teu caminho. Confia que logo te libertarás delas e continuarás feliz, tendo sido bem-sucedida no teste que te foi proposto e necessário.

O término do ano foi se aproximando, Eça passou-me, além do livro no qual trabalhávamos, mais duas ou três mensagens de encorajamento e orientação, ainda relativas às provas às quais eu me via submetida, e o ano terminou.

Com a passagem de um ano para outro nada se modifica, apenas as esperanças se renovam; os dias se sucedem indiferentes, e os problemas, se ainda não é chegado o momento de serem solucionados, continuam, testando a nossa capacidade de suportá-los e resolvê-los.

Por essa época tão atribulada, entrecortada por interrupções a que o meu estado de saúde me impelia, Eça transmitia-me um livro iniciado em 16 de agosto, mas por tudo o que já foi relatado, sua conclusão foi mais demorada.

Era mais uma obra cumprindo os objetivos do autor espiritual e, como todas até então, abordava tema diferente. Fixando-se numa época remota, quando entre a nobreza, a expansão dos domínios e a disputa pelo poderio eram uma constante, planos eram confabulados e postos em prática, mesmo em sacrifício de algum sentimento mais sublime que pudesse lhes despertar no coração, sufocado para que nada interrompesse o curso da sua execução.

Amor e sacrifício – é o seu nome!

Não importava, também, que corações feridos, em busca de um refúgio de paz, caíssem em ambientes de degradação. Refiro-me a certos conventos da época e ao procedimento de alguns religiosos que não se incomodavam em ferir e humilhar, desde que seus instintos mais grosseiros fossem satisfeitos, não obstante o lugar em que se encontravam.

É uma narrativa importante que marca os hábitos de uma época, tanto entre a nobreza quanto entre alguns elementos do clero, justamente aqueles que ainda não tinham, como norma de vida, os conceitos morais direcionando as suas ações.

Ele mostra também os recursos de auxílio que o mundo espiritual promove para que situações difíceis sejam resolvidas, evitando que males maiores, em nome da ganância e do orgulho, sejam cometidos.

Até que chegássemos à sua conclusão final, em 19 de janeiro de 1994, durante um período de interrupção, quando, com esforço, pela saudade de novamente escrever, eu coloquei-me à disposição para tal mister, mesmo sabendo que ainda não retomaria o nosso trabalho rotineiro, Eça passou-me a mensagem da qual transcrevo alguns trechos, a seguir. Ela encerra esclarecimentos que servirão a muitos que se defrontam com as provas regeneradoras do espírito, encorajando-os a prosseguir com paciência e resignação, compreendendo que todo sofrimento bem suportado são pontos que acumulamos a nosso favor. Em alguns trechos ele se utiliza da linguagem figurada que, muitas vezes, é muito mais significativa pelas imagens que encerra, que o simples relato em sentido literal. Em outros ele reafirma o amparo que sempre me proporcionou durante todo esse período, do qual eu deduzo, veio-me a força para suportá-lo, e não pelos meus próprios méritos, que ainda não os possuo:

É com alegria incontida no coração que aqui retorno, não pelo prazer de escrever – que até esse sacrifico pelo teu bem-estar – mas por ver-te, filha, quase recuperada e também saudosa dos nossos momentos.

Na vida, tudo passa. As tempestades passam, o ar se purifica e, com elas, com suas águas, deixamos levar muitas das imperfeições que trazíamos, muitos dos débitos que estavam arraigados em nós durante séculos.

Ah, tempestade benfazeja! As árvores fortes

são balançadas, mutiladas até, muitas vezes em seus galhos mais belos, em suas flores, mas o que resta, torna-se mais rijo, mais forte. Os galhos decepados não tinham a firmeza para se manterem na árvore e se deixaram logo arrastar. Não importa, a árvore continua, os insetos foram extirpados e, quando novos galhos brotarem, novas flores surgirem, serão mais fortes e mais perfumadas e ajudarão em muito a árvore a continuar.

Muito sofreste, filha, muito choraste e muito chorei contigo, mas não importa, estás em pé, estás mais liberta e teu espírito mais belo pelas experiências benéficas que adquiriu.

Tudo passa e teus sofrimentos logo também se completarão. Fecharás um período que podes considerar como tendo sido negro em tua vida, mas, ao contrário, foi de muita luz ao teu espírito.

Sempre te digo que o importante para o progresso de nosso espírito não é o sofrimento em si, mas a forma como o enfrentamos – e tu soubeste enfrentar os teus! Sempre compreendeste que se sofrias era porque Deus havia permitido e porque merecias.

Tu foste, filha, alvo das benesses do nosso Pai Criador, que te permitiu, em pouco tempo, embora em dores atrozes, resgatar débitos que se faziam acumular através dos séculos.

Como sempre também te digo, tudo tem o momento certo, e o que te aconteceu, veio no momento certo. Sim, sempre estiveste amparada pe-

HISTÓRIA DE MUITAS HISTÓRIAS | 189

los amigos espirituais que te querem bem, tinhas a minha companhia que, apesar de muitas vezes ter chorado contigo, sempre procurei amenizar--te o sofrimento, transmitindo-te força e palavras de encorajamento.

Muito cresceste aos olhos do Pai pela forma como encaraste tanta dor – tanto as físicas quanto aquelas que atingem o coração, e que às vezes nos fazem sofrer muito mais.

Foste aprovada nos testes que Deus, nosso Pai, te permitiu passar, e agora o teu espírito está mais leve, mais brilhante e mais perto d'Ele. Isto é o que importa – que cada momento de sofrimento aqui passado neste orbe, sirva para que dele nos desprendamos cada vez mais e nos aproximemos do Pai.

Ah, filha, não tenho palavras, – eu que sempre soube manejá-las com mestria – para dizer-te da minha alegria desse nosso convívio deste instante. Ele representa muito para mim – o saldar de uma saudade contida durante tanto tempo, a alegria de ver-te quase completamente restabelecida, e a esperança de muito breve aqui estarmos novamente para a conclusão do trabalho que vínhamos de realizar e que tão próximo se encontra do seu fim.

Existe alguma palavra na Língua Portuguesa, a nossa língua mãe, que possa traduzir todos esses sentimentos unidos?

Mas, na falta de uma, penso que encontrei a

que pode resumir tudo isso, e não poderia ser outra senão – AMOR. Não a palavra em si, mas toda a carga de sentimentos que ela carrega.

Queria e gostaria de dizer-te muito mais, mas mesmo aqui onde me encontro, não me furto de ter minhas palavras embargadas pela emoção e só posso dizer-te, filha – eu te amo muito, e a alegria que Deus me permitiu viver em tua companhia esse período, para a realização da nossa tarefa, – ou mesmo sem realizá-la – faz-me elevar o meu pensamento a Ele todos os dias, todas as horas em agradecimento.

Nesses mesmos termos ele ainda prosseguiu por algumas páginas, proclamando o afeto que nos une, expressando a sua alegria em realizar esse trabalho comigo, como já o fizera inúmeras vezes, e no dia 24 do mesmo mês, o nosso trabalho foi retomado.

Eça, antes de passar-me uma parte do livro interrompido há algum tempo, como reinício, transmitiu-me uma nova mensagem de esperança, externando o desejo de que o nosso trabalho pudesse, então, continuar por muito tempo ainda, sem interrupções, a fim de que nossos irmãos em Jesus tivessem mais oportunidades de se instruir e, quiçá, de se modificar.

8

AMOR E SACRIFÍCIO – anteriormente referido, ficou concluído em 5 de fevereiro de 1994 e a 7 do mesmo mês, um outro livro foi iniciado.

Elos do passado é o seu nome e foi terminado em 15 de maio.

Conforme a doutrina espírita nos ensina e sabemos, pelo entendimento que nos dá, não vivemos uma vez somente. Fazemos parte dessa imensa corrente que se estende cada vez mais através do tempo, e cada vez mais vamos formando elos nos quais nos vemos atados.

O progresso que vamos realizando nos ajuda a desfazer muitos dos elos infelizes nos quais nós mesmos nos prendemos, mas torna mais firmes e indissolúveis os de amor que conquistamos pelos nossos atos de nobreza e abnegação.

Esse livro nos mostra muitos desses elos e dá o conhecimento àqueles que ainda não o possuem, do quanto a nossa vida atual está ligada às pessoas e às nossas ações do ontem.

Demonstra ainda, a encarnação compulsória e cheia de dificuldades de um espírito que se revelou renitente e reincidente no mal, como exemplo a muitos que se preocupam somente com o momento presente, levando prejuízos, os mais diversos, a tantos irmãos seus, ignorando ou não se importando com os compromissos que assumem.

Isso ocorre quando, desprezadas todas as possibilidades de redenção que lhe são concedidas, depois de se revelarem infrutíferas as oportunidades terrenas que lhe são oferecidas, muitas vezes ele é compelido a uma existência de dificuldades, pela restrição da sua capacidade de pensamento lúcido e equilibrado. O seu espírito sente-se preso a um corpo que não lhe fornece as possibilidades de fazer o que deseja, e aprende, mesmo contra a vontade, a refletir no porquê daquela sua condição, quando a maioria das pessoas são perfeitas.

E como realiza essas reflexões se não tem condições de fazê-las pelas próprias limitações em que vive, poderão indagar os leitores.

Esse julgamento o espírito realiza quando liberto do corpo que o oprime, através do sono físico, pois nas cadeias que ele lhe oferece, pelas deficiências que apresenta, é impossível fazê-lo.

É um livro bastante elucidativo pelos ensinamentos que encerra, tratando de vários problemas com os quais nos deparamos no dia a dia de nossas vidas, sobretudo pelas imperfeições que o espírito humano ainda carrega.

Conforme os propósitos do autor espiritual que sente a necessidade de abordar todas as situações que envolvem os encarnados em processo evolutivo, propicia ao leitor uma recreação sadia, mostrando, também, atos de nobreza e abnegação que auxiliam e promovem o seu aprimoramento, bem como dificuldades e atos impiedosos, que atravancam a caminhada feliz dos seres em oportunidades reencarnatórias, trazendo-lhes compromissos.

Muitos se aproveitam da oportunidade, esforçam-se, ressarcem débitos, enquanto outros, ainda não preparados para uma compreensão maior dos ensinamentos de Cristo, revoltam-se, reincidem e, além de não resgatarem os compromissos que já trouxeram, adquirem outros.

Durante, ainda, a recepção desse livro, fui obrigada a mais algumas interrupções, impostas pelo longo período de dores que eu suportava e, embora já não tão intensas, vez por outra, se acirravam.

Quando ocorriam e o retorno se dava, a alegria era muito grande, não só experimentada por mim, mas por meu pai espiritual, que me via voltar à normalidade e em condições de prosseguir o trabalho para o qual ele aqui viera.

Em 9 de março, em uma dessas contingências, ele assim se expressou através de mensagem escrita:

A alegria do retorno é sempre muito maior que a do início.

O início é um começo que não sabemos no que resultará, mas o retorno, ah, o retorno, quando muito já produzimos, é uma bênção de Deus para que possamos continuar o que já deu certo.

Dizendo considerar cada livro como um filho nosso, ele acrescentou:

O quanto estou feliz da mãe que escolhi para meus filhos, – livros que levarão ao mundo os meus objetivos e que um dia, quando Deus permitir eu aqui retorne com a bênção de um corpo para completar o ressarcir de meus débitos, eu também os encontre e sinta neles algo diferente que poderão me transmitir, e reconheça neles as mesmas ideias e fatos que eu próprio gostaria de escrever.

Compreendes a perenidade deste trabalho? Ele está destinado a permanecer por muito tempo, por todo o tempo, por isso ele é eterno e, o fato de ir às ruas imediatamente ou demorar mais um pouco, não importa.

Jesus está atento e só ele sabe a hora em que eles estarão prontos para enfrentar o mundo, e a mãe, também, pronta para receber qualquer ataque que os mais incautos queiram lhes fazer, sem se ferir e sem ferir ninguém.

A maioria das histórias das muitas histórias que tenho narrado, são apoiadas nas mensagens que Eça tem me transmitido e, como entusiasta que sou por todas elas, cujo conteúdo, não obstante com intenções particulares, é amplo e alcança a todos em experiência terrena porque encerram objetivos, os mais elevados, e todos aqui vivem circunscritos às mesmas contingências que a vida de encarnado impõe, vou continuar a me ater a elas. Datadas de 12 e 13 de agosto de 1994, eu tenho duas delas, das quais extraí alguns parágrafos que transcrevo abaixo, pela importância que encerram, começando pela do dia 12:

> Congratulo-me contigo, filha, o meu braço ativo, a minha mão amorosa e sempre pronta a servir este pai, cujas barreiras do infinito impedem de fazer por si mesmo o que tanto deseja.
>
> Porém, se assim não fosse, se eu aí estivesse em corpo como tu estás, será que realizaria esse trabalho, apesar de me ter preparado para tal?
>
> Conheces os meandros pelos quais caminhamos como encarnados e nem sempre seguimos o caminho que programamos, porque ilusões outras nos acenam e nos chamam a tomar rumos diferentes, e o que pretendíamos, muitas vezes se perde.

Suas palavras ressaltam o valor das oportunidades, e o perigo que cada encarnação oferece, se não trouxermos, bem solidificados em nós, os propósitos a serem realizados e, às vezes, mesmo os trazendo, em aqui chegando, tudo se modifica. Os interesses imediatistas despertados pelas fantasias terrenas, desviam-nos para outros caminhos e deixamos perder uma preparação de muito tempo, bem como o ensejo tão precioso que é uma existência neste orbe de oportunidades redentoras e evolução espiritual.

Esse assunto nos reporta ao livro *Getúlio Vargas em dois mundos*, que trata muito bem dessa questão, cujas consequências, para o seu protagonista, foram desastrosas.

No dia seguinte, 13 de agosto, em nova mensagem, ainda referindo-se aos livros como filhos, e fazendo prognósticos para quando saíssem às ruas, assim se expressou:

> Confiemos em todos os nossos filhos, que são todos de bem, de muito amor, de todo o amor que colocamos neles e que trazem consigo para espalhar.
>
> Esperemos esse dia, filha, que não irá demorar.
>
> Temos um livro em mãos certas e, daquelas mãos, tudo farei para que seja espalhado a muitas, para que todos os outros, após, lhe possam seguir.
>
> Não importa que haja comentários contrários, que sempre os há. O que importa é o benefício que farão a tantos, cumprindo os nossos propósitos, e isso, tenho a certeza, ocorrerá, mesmo com comentários negativos e duvidosos da identidade do pai. Não importa! O importante são os filhos sadios e puros que esse pai criou e não o nome que terá na capa.
>
> O nome na capa, filha, terá apenas três palavras e bem pequenas, mas o seu conteúdo é que

será grandioso e cumprirá os meus propósitos, todos em Deus, em Jesus e nas verdades espirituais.

Um dia, filha, conversaremos e estaremos juntos sem as barreiras que os mundos diferentes nos impõem, e muito terás aberto a ti em compreensão, em esclarecimentos e em conclusões a que, feliz, chegarás por teres cumprido o que te propuseste como meta de encarnação, na oportunidade que se te apresentou.

Que Deus continue conosco e se integre em nós cada vez mais, para que possamos ser cada vez melhores, a nós mesmos e aos outros.

A vida é sempre uma luta, mas que não deixemos perder a vitória pelo reclamar, pelo revoltar--se. Sejamos aqueles vitoriosos que, no silêncio da renúncia, da resignação e do amor, vencem todas as batalhas diante de Deus, mesmo que para o teu mundo possam parecer perdedores.

9

POR ESSA ÉPOCA trabalhávamos em um novo livro que teria, como o próprio autor espiritual comentara, a trama mais trabalhada e, consequentemente, um número maior de personagens envolvidas.

Com o desenrolar dos inúmeros acontecimentos nos quais as personagens se viam inseridas, situações foram se formando, uma das quais, muito importante e significativa, provocou revolta e inconformação como resultado da incompreensão de duas personagens, vindo a gerar atos de vingança.

O autor mostra-nos quão perigoso é enveredarmos por esse caminho, abrigando esse desejo no coração, porque, se o colocarmos em prática, seremos surpreendidos pelas consequências do que fizermos e, como o próprio título do romance nos revela – *O preço da vingança* – temos que pagar pelo ato praticado.

No dia 20 de dezembro de 1994, o livro acima referido foi concluído e o autor espiritual, no dia seguinte, passou-me uma mensagem, importante porque aborda mais uma vez suas expectativas em relação à nossa tarefa, fala de sua modificação e comenta, em linhas gerais, o tema do livro concluído. Melhor que qualquer comentário que eu possa fazer, são suas próprias palavras, por isso, vamos a elas sem perda de tempo:

Que Jesus nos abençoe neste momento e nos inspire, para que minhas palavras sejam aquelas que possam trazer ao seu coração a alegria e a esperança.

Filha querida, mais um dos nossos trabalhos se completa, mais um livro está pronto para engrossar o conjunto que formará, um dia, todo o trabalho que aqui deixaremos.

O que tanto desejamos tarda, mas sabemos compreender e pacientemente esperamos, porque, ao chegar o momento, nada mais prenderá nossos filhos em casa. E cada um, por sua vez, sairá de nós e caminhará tranquilo para cumprir as finalidades para as quais foi criado, espalhando pelos caminhos por onde andar, o amor, a caridade, o conhecimento, a esperança.

Compreende, filha, o propósito do meu trabalho? Compreende as esperanças que tenho nele?

Quando os que conheceram o outro Eça que faço questão de esquecer, o lerem, muitos perguntarão: Será que se muda tanto? Será que depois que partimos desta Terra, os nossos objetivos se modificam tanto, porque nada vejo neste Eça de semelhante ao outro?

Tenho a certeza, filha, farão essas perguntas, porque sabem que, ao deixarmos este orbe, nos deparamos com a verdade, aquela proclamada pelo Cristo quando da sua vinda à Terra, e quase tudo o que aqui fazíamos perde o sentido, porque enxergamos novos horizontes que desejamos alcançar. E, graças a Deus, o que fizemos de errado, quando assim nos encontramos, serve de lições para que nos modifiquemos, e eu tenho me esforçado para me modificar cada vez mais, não só pelo estudo, mas pelo trabalho, e agora, que tenho a felicidade de novamente aqui estar, não em meu próprio corpo, mas utilizando-me do seu, temporariamente, no momento do trabalho, posso me ver nas duas dimensões – o que me facilita ainda mais pesar a vida de encarnado e a vida de espírito.

Assim, procuro aqui deixar, através de suas mãos, aqueles ensinamentos que eu próprio gostaria de ter tido quando aqui estive, mas que agora aprendi e, pensando em mim mesmo – não como um egoísta – lembro-me do quanto posso ajudar aqueles que aqui estão.

Você vê que a cada livro um assunto é tratado e o nosso último fala da vingança, um ponto de honra para muitos, sobretudo para aqueles que não sabem que a vida continua e que terão que pagar por ela, depois, o seu alto preço.

Por essas palavras e pelo que já tem em mente, recebido através da intuição, o nome do nosso livro será *O preço da vingança*. Assim, apenas pelo título, aqueles que nem se interessarem pelo livro, já saberão que a vingança nunca sai de graça, e aqueles que o lerem, saberão o seu alto preço. Ela é muito exigente e cobra caro àqueles que dela se utilizam.

Sejamos econômicos, pois, e nunca nos deixemos arrastar pelos atrativos que ela nos mostra, porque depois, o preço que nos fará pagar será muito alto, e não teremos como fugir nem como nos esconder. Teremos que pagar!

IV PARTE

A OUTRA EXTREMIDADE

1

SE ATÉ AQUI, esse trabalho que venho realizando, emoldurando as páginas que meu pai espiritual foi me deixando ao longo da sua permanência comigo, na realização desta tarefa, tem sido envolto das ternas sensações de alegria e bem-estar, muito maiores o serão daqui para a frente.

Cada mensagem deixada por ele e aqui transcrita, tem trazido, do armazém da minha memória, momentos felizes desse contato espiritual mais estreito, desde que ele chegou para esta tarefa, ou mesmo a lembrança de situações adversas que sua palavra sempre teve a força de me asserenar, transmitindo-me conforto e novas esperanças.

Esta nova parte que estamos iniciando, envolve em si um significado muito mais profundo, por tudo o que representa para a minha longa trajetória de espírito imortal, nem sempre voltado para Deus, nem sempre seguindo os ensinamentos que Seu filho Jesus veio trazer à Terra. Será a narrativa de novas histórias dentro desta história, que não se circunscrevem ao momento presente, mas retornam desse passado longínquo onde já estivemos, como viajores imortais, muitas e muitas vezes, não com o entendimento que temos hoje, e que Deus, na Sua bondade, misericórdia e amor, nos permitiu saber.

As mais expressivas são justamente aquelas que foram causa do fel que acumulei para o meu cálice de resgates, razão de muito sofrimento pelos quais devo ter passado em existências pregressas, mas que ainda não se encontra vazio, e do qual, vez por outra, pela bondade de Deus, tenho que sorver alguns goles e sentir o seu amargor. É a lei de causa e efeito colocada em ação e da qual não podemos nos queixar, nem fugir, mas, com um pouco do conhecimento que hoje possuímos, só agradecer.

Felizes podemos nos considerar quando Ele permite, a par desse fel que precisamos sorver, termos o conhecimento de como nós mesmos o criamos, porque nos ajuda a sorvê-lo com aceitação, resignação e entendimento, e a não sentirmos tanto o seu sabor amargo.

Esse Pai bondoso, ao verificar o nosso esforço para nos desfazermos dos nossos débitos, que procuramos trabalhar em favor de Seus outros filhos ainda mais necessitados que nós, nos auxilia com Seu amparo, para que não venhamos a sucumbir diante das provas, pois estamos imersos nesse carrossel de redenção dos outros e de nós mesmos, cuja força propulsora emana d'Ele.

Algumas vezes tenho aqui me referido ao livro *Um amor eterno*, em dois volumes, postergando para o momento oportuno a sua história, e esse momento chegou.

No dia 26 de dezembro de 1994, Eça iniciou mais um livro, cuja narrativa nos reportava há três milênios atrás, época em que o Deus único, Pai de amor, bondade e justiça, era ignorado por quase todos dos meios onde a história se passava.

O interesse e as vantagens pessoais tomavam a dianteira de todas as ações, e os dons com os quais Deus dotava alguns de Seus filhos, para o auxílio dos outros, eram utilizados para as conquistas materiais, em grande parte em favor de si próprios. Para isso havia uma espiritualidade menor sempre pronta a auxiliá-los e, através da realização de cultos, pactos, oferendas e sacrifícios para agradar aos deuses pagãos, conseguiam os seus desejos, sem atentarem para o compromisso que assumiam com essa espiritualidade e diante de Deus, no qual não pensavam.

Eça nada havia me prevenido quanto a esse trabalho, e a narrativa começou sem surpresas, como todas as anteriores.

Com o decorrer de alguns dias, porém, eu comecei a perceber, certamente intuída por ele, que aquela história nos pertencia, era a nossa história, a minha e a dele, como pai e filha, como o temos sido por diversas encarnações. Ao aparecer uma menina como personagem, logo no início da narrativa, sem que nada ele tivesse me prevenido, eu sabia que se tratava de mim mesma.

Entretanto, com o transcurso da recepção desse livro, uma outra situação se criava à minha retaguarda espiritual, da qual eu não tinha conhecimento nem supunha pudesse ser a fonte geradora do que estava ocorrendo.

Eu comecei a sentir a aproximação de uma espiritualidade menos feliz que me transmitia desagradáveis sensações de mal-estar e, sem saber do que se tratava, preocupei-me. Porém, como no momento certo temos o esclarecimento que Deus nos permite, foi-me aberto ao entendimento que aquelas entidades eram algumas com as quais eu havia assumido compromissos, naquele passado longínquo. Elas estavam sendo trazidas, com a permissão de Deus e o auxílio da espiritualidade boa da casa espírita onde eu emprestava a minha colaboração como médium psicofônico, atraídas que eram pelo reviver, em forma de narrativa, daquela situação conflitante do passado, para que fossem reencaminhadas, esquecidas das mágoas que ainda conservavam no espírito, e os resgates fossem efetuados.

No dia 24 de março de 1995, quase três meses após, Eça se pronunciou, pela primeira vez, através da escrita, sobre esse trabalho, esclarecendo-me e encorajando-me pelo difícil período por que eu passava, confirmando o que eu já sabia através da intuição.

Como todos os que aqui se encontram passam por períodos difíceis, e uma palavra de fortalecimento é sempre muito bem-vinda, eu transcreverei, dessa mensagem, alguns trechos, com a esperança de que possam também servir de conforto e ponto de apoio a muitos que, porventura, se sintam injustiçados, supondo que foram escolhidos por Deus para sofrer, esquecidos ou ignorantes de que, se sofremos, o merecemos, pelo muito que já fizemos sofrer.

HISTÓRIA DE MUITAS HISTÓRIAS | 209

Que as bênçãos d'Aquele que sempre vela por nós e retira do nosso coração as aflições inúteis, criadas por nós mesmos, possam nos envolver e nos apaziguar, que tarefa muito importante nos aguarda.

Os dias surgem e se vão e, na sucessão deles, muitos problemas e acontecimentos nos envolvem, mas muitas bênçãos são derramadas para que nada possa afetar a nossa tranquilidade e o nosso trabalho.

Atentemos, pois, para todas as bênçãos que recebemos, e esqueçamos as preocupações, porque, se as analisarmos em comparação, verificaremos que aquelas bênçãos são muito maiores que estas e, por isso, não lhe devemos dar tanto valor.

A vida na Terra tem suas exigências, porque sabemos, aqui não viemos a passeio, mas em cumprimento a tarefas que nos serão redentoras e, para cumpri-las, nem sempre os caminhos estão livres. Não fomos criados agora em espírito e corpo, e, como nosso espírito é imortal, já passou por tantas experiências na Terra, durante as quais, com nossas ações indevidas, assumimos débitos. E débito nenhum, perante o Pai, fica sem resgate. Por mais desejemos burlá-los, nunca conseguiremos!

É por isso que a existência terrena, quando já compreendemos a necessidade de policiar nossas ações, e nenhum mal praticamos mais, temos que ressarcir os que ficaram em pendência nas nossas múltiplas existências de erros.

Diremos com isso que o Pai não ama Seus filhos? Não! Nunca podemos fazer essa afirmação. É pelo muito que Ele nos ama que quer nos ver puros e junto d'Ele, por isso permite que nos desfaçamos de nossos débitos, porque somente purificados deles é que seremos felizes.

Força, filha, em todos os passos que der em sua vida! Eu estarei em sua companhia, sempre, como estou agora, você sabe disso e confia.

Se um dia nos unimos nas realizações do mal, cujo conhecimento tem tido através da narrativa da nossa história, que sabe que o é, hoje, filha, muito me aplico para ajudá-la a ressarcir algum compromisso que ainda tenha restado daquela existência. Ao nos reencontrarmos, quero-a liberada daqueles débitos, muitos dos quais, cometidos com o meu estímulo, para que possamos partir para novas jornadas quando Deus nos permitir, com você mais liberada, mais fortificada e encorajada, para não só resgatar compromissos, mas para trabalhar muito pelos nossos irmãos.

Se um dia nós os ofendemos, agora vamos ajudar.

Falemos, agora, filha, algumas palavras sobre esse trabalho que ora estamos realizando.

Lembra-se quando, um dia, eu lhe disse que se Deus nos permitisse, ainda poderíamos escrever a nossa história? Ele nos permitiu, como a intuí desde o início do livro no qual trabalhamos e, mesmo que nada a tivesse intuído, pelo próprio transcurso do assunto, você perceberia, como tem percebido que se trata de nós dois.

Veja, filha, que já há três milênios nos amávamos muito e nos completávamos pela necessidade que um sentia do outro! Não lhe direi que foi a primeira vez que nos encontramos, porque o amor que nos unia e que nos deixava tão felizes, não poderia ser resultado de um primeiro encontro.

Estivemos juntos muitas outras vezes, nessa imensidão do tempo que se perde no nosso passado, como se perderá no nosso futuro. Mas, para nossa história, não eram importantes.

O importante era que, naquela existência, "novamente" Deus a dotou de poderes, pelas oportunidades que trazia de ressarcir débitos, mas, estimulada por mim, você contraiu outros, e minha responsabilidade também foi grande. Quis tomar aquela como ponto de partida porque foi muito importante pelos muitos sofrimentos que vieram depois, muitos dos quais se estenderam até hoje. Mas, a bondade do Pai que me permitiu escrever essa história, permitiu, também, que muitos irmãos infelizes daquela época, até hoje trazendo mágoas e desejos de vingança, fossem trazidos para que se reencaminhassem e a libertassem de compromissos.

O livro prosseguirá! Detalhes do mundo espiritual naquela época, com todo o atendimento que era realizado, não nos é permitido relatar, mas

212 | WANDA A. CANUTTI

prosseguiremos e mais umas poucas encarnações relataremos para que verifiquem, os leitores, o sofrimento que os compromissos nos trazem.

O livro continua! Dará um salto no tempo com algumas narrativas para que o leitor tenha a ligação das épocas e não se sinta perdido por nenhuma lacuna deixada, e nos fixaremos em outra oportunidade que Deus nos concedeu de virmos juntos, mas já sem tantos compromissos sendo assumidos, e em oportunidades de resgates.

Se um dia os dons foram utilizados para o mal, num conluio intenso realizado por nós dois, muitas outras oportunidades tivemos, concedidas pelo Pai, e estamos tendo outra agora, de capital importância para nossos espíritos. Se ofendemos, hoje ajudamos, e o amor que dedicamos ao nosso trabalho, seja aqui, nessa união de amor, seja na casa onde dá também a sua contribuição, muito temos podido ressarcir com tantas oportunidades que esse Pai bondoso sempre nos concede.

Depois dessa última mensagem de 24 de março, na qual ele fala do livro que havia começado, o nosso trabalho foi prosseguindo.

A cada narrativa mais eu ia compreendendo a extensão e profundidade dos compromissos assumidos, suportando a atuação dos espíritos envolvidos em ódio e desejo de vingança, abrigados há três milênios, que Deus, na Sua bondade, permitiu que fossem se achegando para que ambos nos libertássemos. Eles pelo perdão

HISTÓRIA DE MUITAS HISTÓRIAS | 213

e reencaminhamento a uma nova vida que lhes acenava com muitas esperanças, junto de entes que lhes foram queridos, esquecidos do desejo que traziam, e eu, pelo libertar dos compromissos de há tanto.

Todavia, entre as ações indevidas e os débitos adquiridos, esse livro ia mostrando, pela bondade de Deus que o permitiu e a de meu pai espiritual que me dava conhecimento, o grande amor que nos unia já naquela época, e que, segundo afirmativas do próprio Eça, datava de um tempo muito mais longínquo.

Em 23 de maio, ele passou-me uma mensagem falando das suas expectativas quanto à publicação do que já possuíamos pronto, composto já, naquela data, de dez volumes completos, cujo primeiro em tal perspectiva e já referido – *Getúlio Vargas em dois mundos* – e o quinto recebido, ainda se encontrava em mãos do doutor Elias Barbosa, para ser analisado. Reafirmou os benefícios que todos eles levariam a tantos, lembrando do benefício maior que havia feito a mim mesma, como sua receptora, e a primeira a tomar conhecimento do seu conteúdo, dizendo:

Não que estejamos apressados por nós, mas queremos espalhar a muitos, aquilo que Deus nos permitiu realizar e, se assim aconteceu, é porque Ele reconheceu em nós o verdadeiro desejo de ressarcir um trabalho aqui deixado, quando ainda não possuíamos o conhecimento necessário para realizar uma obra que O engrandecesse.

Sempre é tempo de reconhecermos nossas ações inadequadas e, graças a Ele, utilizando-me dos mesmos dons que me concedeu, procuro empregá-los em acordo com Suas leis e com os ensinamentos de Seu filho, porque muito já integrei ao meu espírito e não quero guardá-los só para mim, mas espalhá-los, de forma suave e recreativa, àqueles que ainda não conseguiram ver, em cada um, regras de vida.

Quem sabe, através das personagens, do que elas fazem, do que elas sofrem, do que aprendem, possa, cada um, refletir nas suas próprias vidas e nas suas ações, esforçando-se para modificá-las a fim de também serem felizes.

Lembra-se, filha, do papel que teve ontem em suas mãos, quando ainda inconsciente do que faríamos, dispôs-se a receber-me, traçando os primeiros rabiscos que eram um primeiro exercício para esta obra que viria?

Na verdade, na véspera, revendo todas as mensagens recebidas, eu tive nas mãos aqueles primeiros rabiscos, o ponto de partida para essa tarefa cuja história está sendo narrada, e, juntamente com tudo o que recebi depois, guardo com muito carinho, e têm me permitido a realização deste trabalho.

Você nunca poderia imaginar, naquele momento tão aguardado por mim, o que aconteceria.

Hoje vê como está e todo o progresso que fez, mas não diria que foi apenas a mudança dos rabiscos em palavras, não! A transformação mais importante foi a que se operou e ainda está se operando em seu espírito. As letras poderão um dia se apagar, mas aquelas que foram escritas no espírito, não se apagam nunca mais, e elas se revelam constantemente nas suas palavras, nas suas atitudes, que hoje já cuida para que sejam voltadas para Jesus.

Pode compreender agora a felicidade que sinto, filha?

Quando me propus a realizar esse trabalho e para ele obtive autorização, pensava apenas no meu lado, em resgatar aquela obra que havia deixado, em transmitir aos leitores os conhecimentos que eu já havia adquirido, ajudando Jesus a redimir seus irmãos, mas nunca imaginei que esse trabalho, antes de tudo, fosse efetuado a quem me receberia para realizá-lo.

Se sempre assim acontece, não saberia dizê-lo! Mas posso afirmar que o amor que nos une nos ajudou em muito. Quando vi que quem me receberia era você, filha querida, o meu empenho foi grande em auxiliá-la, para que, através da minha presença, com todo o amor que lhe dedico, através da minha vontade de ajudá-la, através da minha companhia constante, eu pudesse, antes de qualquer pessoa, auxiliar a você a que crescesse mais espiritualmente, e que pudéssemos, um dia, novamente estar juntos para vivenciarmos, não somente o amor que nos une, mas vivenciarmos também o amor de Jesus.

Se foi o egoísmo que me moveu, eu não sei, e espero que não, mas, se o foi, foi por uma causa nobre e sinto-me feliz.

Compreende-me, agora, filha, quando falo na minha felicidade? Estou com você e realizo um trabalho que esperava há tanto tempo, desde que minha visão se abriu e eu comecei a enxergar o que realmente tinha valor para o espírito.

No dia 5 de junho, quando o primeiro volume de *Um amor eterno* se completava, ele transmitiu-me nova mensagem, tecendo alguns comentários acerca das oportunidades, do significado que elas adquiriram para ele, atualmente, fez algumas referências ao nosso passado, mas ressaltou, como o ponto mais importante, o objetivo maior do livro – o resgate de muitos espíritos daquela época, que conservavam o coração cheio de ódio, tanto por mim quanto por ele próprio, uma vez que, pelo amor que nos unia, havíamos sido cúmplices até na realização do mal.

A mensagem em questão, cujos trechos seguem abaixo, falará por si muito melhor que qualquer comentário ou qualquer reprodução que eu queira fazer com minhas próprias palavras:

Sabemos, Jesus, que somos servos do Pai e queremos ser o mais humilde e submisso deles, mas também queremos trabalhar e muito, não deixando perder oportunidade tão bendita que estamos tendo, e que sei, não é fácil tê-la.

Não deixemos, pois, filha, perder esses momentos, pois que se eles serão benéficos a muitos, muito mais o serão a nós mesmos.

Temos débitos a ressarcir e todas as oportunidades são benditas e devem ser bem aproveitadas, sempre, porque todas virão a nosso favor.

Quando falo em oportunidades, não especifico, porque, diante do grau que já conquistamos pelos nossos esforços, pelo nosso trabalho, desejo que todas sejam para o bem. Oportunidade para mim, significa aprimoramento, crescimento espiritual e ressarcimento de débitos.

Não mais trago no espírito o desejo de aproveitar oportunidade como já o fizemos e como eu a induzi um dia.

Paguei caro, filha, por aquele ato, mas hoje, com um pouco mais de compreensão – oportunidade significa trabalho no bem.

É por isso que aqui estou, filha querida, com você que amo tanto, trazendo-lhe este trabalho, para que juntos, novamente, resgatemos débitos e o temos feito.

Se um dia eu a induzi ao mal, era inconsciente do que fazia, como também você que me obedeceu, mas hoje, graças a esse Pai generoso que nos permite o arrependimento depois da compreensão, permite também o nosso progresso através de novas oportunidades, porque Ele compreende as nossas boas intenções.

Se sofremos, muito mais fizemos sofrer e dia chegará que, ressarcidos de todos os nossos atos contrários às leis desse Pai que ama Seus filhos, teremos nossos espíritos leves e sem culpas, e poderemos partir para jornadas mais felizes, onde somente o bem impera, porque cada um traz o coração pleno e radiante de amor.

Filha, sei que o término do livro a preocupou porque desejava vê-lo prosseguir. Não tive autorização para lhe abrir tantas encarnações.

Agradeça a Deus o que pudemos realizar, porque serviu para que muitos necessitados de esclarecimento, compreensão e amor, fossem trazidos e recebessem novos direcionamentos, aliviados de ódios e rancores, não só por você, mas por mim também, que me senti feliz em poder ajudá-los, resgatando-os do mal ao qual nós mesmos os induzimos, para o bem, para Jesus.

Que cada um possa aprender um pouco conosco, compreendendo que não se pratica o mal contra ninguém, porque somos todos irmãos, filhos desse mesmo Pai de amor que ama a todos, tanto os que trilham o caminho do bem, como os que estão perdidos no caminho do mal.

Se um dia ofendemos a um número grande de irmãos nossos, hoje pudemos tê-los resgatados para Jesus, e esse foi o objetivo maior do nosso livro. Se ele não for interessante ao leitor que estranhará muito o seu conteúdo, ele foi importante para nós.

Sinta-se feliz por saber que você mesma, que um dia lhes foi causa de perdição, hoje lhes foi causa de reencaminhamento e redenção, tanto deles quanto nossa também.

Estamos vivendo um período muito importante, filha, porque é uma grande oportunidade que nos foi colocada nas mãos. Manipulemo-la, pois, com carinho, como o escultor que traz nas mãos o cinzel que criará grandes obras, mas que também, se não bem utilizado, poderá ferir.

Que o nosso cinzel seja o maior construtor de nós mesmos a caminho do Pai, e cuidemos para que nunca, em momento algum, firamos ou saiamos feridos, porque aquele que fere, sempre fica ferido.

Veja, filha, como coloquei a importância do modo como utilizamos a ferramenta de trabalho que temos nas mãos!

Utilizemos dessa nossa ferramenta de agora e construamos aquelas imagens, não de pedra ou de madeira, não inertes para serem apreciadas, mas construamos a nossa própria felicidade pelo saber utilizar oportunidades, sem deixar perder nenhuma, porque somos todos espíritos a caminho do progresso; somos imagens vivas que têm sentimentos, mas, acima de tudo, somos o resultado da nossa própria construção.

Compreende, filha, a necessidade daquele livro? Ele não foi escrito nem autorizado para que nos regozijássemos com o conhecimento das nossas vidas sucessivas, que isso um dia as teremos abertas a nosso espírito, mas foi criado com a finalidade muito mais elevada que a satisfação da curiosidade e, como tal, cumprimos os nossos objetivos. Eu, auxiliando, e tu, suportando, compreendendo e agradecendo a Deus. Quer final mais feliz?

Se o livro não termina com um final feliz para o leitor, ele tem um final feliz para nós mesmos, que soubemos nos portar, cada um no seu plano, cada um com sua tarefa, cada um com seu trabalho e com seu sofrimento e, por isso, só nos resta agradecer a Deus, não só neste momento, mas sempre, sempre, por toda a eternidade, oportunidade tão importante, de uma importância que você virá a compreender apenas quando estiver no mundo espiritual.

2

COMO ESSA OPORTUNIDADE que nos é oferecida para a execução desse trabalho é ímpar, deve ser aproveitada em toda a plenitude das nossas possibilidades. As de Eça de me transmitir, e a minha de receber – num ensejo de auxílio a muitos que receberão o esclarecimento, a orientação e o exemplo através das personagens dos romances, mas muito mais como redenção de nós mesmos, cada um com seus débitos e objetivos, razão pela qual, não podemos perder tempo. Assim pensa Eça e assim penso eu, por isso nos sentimos unos num trabalho a dois, e a ele dedicamo-nos intensamente, com amor e alegria, sempre agradecidos a Deus.

De minha parte, não sei até quando Ele me permitirá continuar neste orbe de aprendizado, resgates e evolução espiritual, e, mesmo em aqui permanecendo, até quando terei condições de realizá-lo? Por isso, coloco-me sempre à disposição de Eça, no nosso horário preestabelecido, com muito amor e com a satisfação de ser útil.

No dia 7 de junho, novo livro foi começado. A história tinha início no sul da Alemanha, o que, de certa forma, chamou-me a atenção. Nada deveria haver de extraordinário, uma vez que em quase todos os seus romances ele cita o lugar onde a história se passa. Levada por ele a fazer as anotações das narrativas durante o transcurso do nosso trabalho, já estivemos na Itália e em Paris por mais de uma vez, em Portugal, na Inglaterra, no Rio de Janeiro e até mesmo na Alemanha. Por que, então, aquele era especial?

Em uma daquelas vezes que conversamos através de um médium, no início dessa nossa tarefa, como já tenho me referido, Eça contou-me alguns detalhes de uma nossa existência em Munique, e, com a narrativa do livro, embora o nome dessa cidade não tivesse sido citado, eu fiquei alerta.

Ele nada me adiantara sobre essa história, mas eu, até em razão do livro que termináramos, cujo assunto girara em torno de acontecimentos que envolveram algumas das nossas existências de encarnados, eu fui unindo esses detalhes a alguma intuição que, com certeza, ele me passava, e fui concluindo que aquele livro se faria como um complemento do anterior. Contudo, um grande salto no tempo estava sendo dado e, graças a Deus, chegava a uma época em que não mais ofendíamos nem prejudicávamos, buscando a satisfação de interesses particulares e imediatistas. Não, aquela narrativa seria a do ressarcir de algumas dívidas, pois a bondade de Deus é infinita e conhece o que cada filho Seu pode suportar.

Se tivéssemos que saldar nossos débitos no mesmo espaço de tempo e com a mesma intensidade com que foram cometidos, não resistiríamos, razão por que muitos compromissos daquela época perduraram até os nossos dias, e foram causa da transmissão do primeiro volume de *Um amor eterno*, a fim de que muitas entidades infelicitadas por nós, fossem trazidas e os resgates efetuados. Não sabemos, contudo, se já se completaram.

Com o desenrolar da história, eu fui tendo certeza do que afirmei, cuja narrativa estava se constituindo um exemplo de lutas e sofrimentos valorosamente bem suportados pelo meu pai espiritual, naquela existência, e na reafirmação de um amor imenso que nos unia. Mas a história prosseguiria e muito mais eu ainda teria para o meu conhecimento e satisfação.

Fazendo um parêntese na história desse livro, devo narrar um fato que foi motivo de uma mensagem que transcreverei a seguir, na íntegra, por entender o benefício do conforto e do consolo que traz a todos nós, encarnados, que vez por outra somos deparados por situações semelhantes, e das quais não podemos fugir.

No mês de junho desse mesmo ano de 1995, um amigo, o mesmo médium que ofereceu, por algumas vezes, suas possibilidades mediúnicas da psicofonia quando Eça as solicitava, a fim de que conversássemos, se viu surpreendido com o retorno de sua mãe, à pátria espiritual.

Por mais conhecimento tenhamos da doutrina espírita, com todas as orientações e as verdades espirituais que Deus permite, nos sejam transmitidas, tais vicissitudes abalam-nos sobremaneira.

Eça, no dia 17 de junho, alguns dias após infausto acontecimento, passou-me uma mensagem para ser entregue a ele e a seus familiares, nos seguintes termos, que, tenho a certeza, levou-lhes o conforto, como levará a todos, quando se virem deparados por idênticas circunstâncias:

Quando, na vida de viajores terrenos, nos deparamos com situações contrárias à nossa vontade, o nosso coração se confrange e a dor o envolve.

Porém, o que somos nós nesta pequena romagem, diante da eternidade do espírito? Que somos nós, simples espíritos em resgates, que não os cumpridores dos desígnios do Pai?

É justamente com esses desígnios que muitas vezes não concordamos, e, se compreendemos, nem sempre com eles nos conformamos.

Quando situações adversas à nossa vontade nos envolvem, só nos resta uma medida a tomar – lembrarmo-nos d'Aquele que nos criou, que vela por nós, e quer para nós, sempre, o melhor.

Se esta Terra que habitamos é um campo de lutas e sofrimentos, por que desejarmos prender nela e conosco os nossos entes queridos? Se queremos para eles o melhor, e crentes que somos na vida eterna, por que não ficarmos felizes quando aqueles que mais amamos, foram também objeto das lembranças do Pai, que os recolheu ao seu seio, retirando-os do sofrimento?

Quando para aqui vimos em oportunidades

redentoras, sabemos que nosso tempo é limitado e nos cabe aproveitá-lo ao máximo das oportunidades que se nos oferecem. Devemos amar aqueles com os quais somos trazidos para conviver e que nos recebem com amor, mas, por que acorrentá-los aos nossos sentimentos de egoísmo, querendo mantê-los junto de nós, mesmo sabendo que, partindo, serão muito mais felizes?

Se amamos aqueles que nos são caros, devemos desejar-lhes o melhor, e nada melhor para cada espírito que aqui cumpriu com galhardia as tarefas que trouxe e as provas que tinha que suportar, que estar junto do Pai, ter sido alvo das suas atenções e saber que Ele, não desejando que seus filhos sofram, diz: – Não mais o sofrimento, mas a alegria do dever cumprido, a alegria de terem seu tempo na romagem terrena esgotado, porque agora é hora do repouso, do descanso, do refazimento, para quando novamente for permitido, outra oportunidade se apresentar.

Entretanto, entre uma oportunidade e outra, muito realizamos e nunca estamos sós. Aqueles que partem continuam ligados a nós pelos laços do amor e, quanto mais lhes direcionarmos pensamentos de paz, de serenidade e de alegria, mais felizes estarão, porque captam os nossos pensamentos e as nossas vibrações e, assim, continuaremos a ajudá-los a se refazerem e a não sofrerem por não verem o desespero em nossos corações.

No estágio de vida em que nos encontramos, com o abençoado conhecimento das vidas sucessivas, nenhuma razão justifica o nosso desespero. É apenas uma separação temporária, porque um dia, todos nós nos reuniremos para que a alegria e a felicidade do nosso coração seja perene. Enquanto isso, façamos aqui a nossa parte e nos esforcemos por merecer esse reencontro, aplicando-nos nas nossas tarefas, sabendo compreender e suportar os momentos de adversidade, sempre com o pensamento em Deus e em Jesus, que nos dão força e coragem, porque só assim, um dia, seremos merecedores do reencontro com aqueles que nos precederam, e que souberam cumprir as tarefas que trouxeram, levando consigo a vitória.

Coragem, ânimo forte e trabalho! O trabalho é a ferramenta abençoada que Deus colocou nas nossas mãos para sanar os nossos males. Façamos dela, pois, o instrumento da nossa paz e da nossa redenção, como já o fizeram aqueles que amamos e nos deixaram.

Que Deus, o nosso Pai de sabedoria e de amor, encoraje e fortifique o coração daqueles que ainda têm de prosseguir, e que nenhum momento seja perdido em lamentações e tristezas, para não retardar a caminhada redentora que nos leva a Ele.

Eça

Terminado esse parêntese, cuja oportunidade não poderia ser desprezada, voltaremos à história do livro que fora iniciado em 7 de junho e do qual já fizemos alguns comentários.

No dia 11 de julho, contudo, após pouco mais de um mês que ele havia sido iniciado, Eça passou-me, pela primeira vez, uma mensagem fazendo referências a ele, confirmando-me o que eu já possuía como certeza.

A narrativa já se encontrava num ponto em que uma existência muito importante à sua vida de espírito imortal estava sendo revelada, como o testemunho vivo e mais fiel daqueles que já atingiram um grau de elevação e entendimento, e conseguem suportar sofrimentos e humilhações, sem desertar da companhia dos que lhe desprezam, por compreenderem que ali é o seu lugar.

Ela transmite a muitos que poderão se encontrar em idênticas condições, o fortalecimento para resistir e prosseguir com os compromissos assumidos, calar-se diante das ofensas e nunca revidar.

Muito ainda faltava para ser narrado, uma vez que o livro só foi concluído em novembro do mesmo ano, e eu não sabia os rumos que a narrativa iria tomar, mas ele já provocava em mim um carinho e uma admiração ainda maiores por esse meu pai espiritual, que eu tive, naquela existência, a felicidade de tê-lo mais uma vez como pai físico, não obstante numa curta existência, o que contribuiu ainda mais para que os seus sofrimentos aumentassem.

Mas, deixemos que ele mesmo faça esses comentários na mensagem da qual transcrevo, abaixo, o que é pertinente a esta nossa história:

Sempre temos esperanças em todos os trabalhos que realizamos e todos são sempre importantes, mas, o que iniciamos há alguns dias, tem uma importância muito maior, e sabes qual é. Tivemos a permissão do Pai para fazermos o relato que já estamos realizando, não com a finalidade de mostrar a todos e dizer – vêde como sou bom! Não, nunca ninguém saberá, pelas minhas próprias palavras, quem é o protagonista da nossa história que tu já compreendeste quem é. Cada um que um dia tiver a oportunidade de lê-la, talvez conclua de quem se trate.

Se quis escrever essa história, filha, é porque ela foi muito importante em nossas vidas de espírito. Servirá de exemplo a muitos que passam por problemas semelhantes e se rebelam, se impacientam e fogem, não só dos resgates como da oportunidade de crescimento espiritual. Porém, juntamente com esse exemplo, um outro motivo ainda me é importante – reafirmar mais uma vez o grande amor que nos une e o auxílio que me deste em momentos de muito sofrimento, quando somente a tua presença junto a mim, a tua companhia, mesmo com a ingenuidade infantil, dava-me forças para suportar o fel que eu próprio, um dia, derramei naquela taça que então era obrigado a ingerir a goles diários, mas muito amargos e cruéis.

Graças ao apego ao Pai, graças à compreensão que meu espírito já havia adquirido com o passar

das vidas sucessivas, eu reuni forças para resistir.
E devo a maior parte da situação espiritual de que desfruto agora, tendo a oportunidade de auxiliar, quando tanto ofendemos, àquela existência, ao meu modo de me conduzir e de suportar humilhações, não só daquela que um dia se me apresentou como alguém que desejava compartilhar da minha vida, como também daqueles que chegaram. Dos que foram trazidos por nós mesmos, como resultado do amor que pensei, pudesse me encorajar e me fazer crescer como homem que já possuía seu nome no domínio público, pela profissão que trazia para exercer, como resultado de outras oportunidades que também me foram concedidas para que desenvolvesse aquela tendência tão forte em mim.

Não penses que me queixo, pelo contrário, hoje agradeço. Quando o sofrimento é grande, a desilusão e o desânimo frequentemente nos envolvem, e a vontade de fugir para ter mais tranquilidade, é uma constante. Mas hoje agradeço a Deus a força que sempre me deu para suportar, pois quando imaginava que não resistiria, que iria sucumbir, algo Ele me proporcionava em encorajamento para que eu me refizesse, nem que fosse apenas o contato com a natureza pura e o ar refrescante que renovam as nossas energias e nos encorajam.

Vê, filha, o livro no qual estamos trabalhando! Já era do teu conhecimento que, logo no início, foras intuída, mas, com o passar dos dias, a certeza não te deixou dúvidas, uma vez que já tens na tua memória uma pequena sinopse do que foi a minha vida naquela oportunidade, que Deus já havia me permitido te narrar.

Que Ele continue nos abençoando para que, ao final das nossas narrativas, muitos tenham o exemplo da compreensão e da resignação, mas, sobretudo, da força de suportar, porque os louros, após, são grandes. Não importa a quota de sofrimento por que passamos numa encarnação que se nos apresenta tão pequena diante da eternidade do espírito. Importa a oportunidade que estamos tendo, senão de resgates, mas de muito crescimento espiritual, conforme o nosso modo de enfrentar o que, um dia, nós mesmos escolhemos para resgatar débitos antigos, ou para partilhar como instrumento de auxílio a outros que, sem compreenderem, assumem compromissos muito grandes, mas nos fazem aprimorar e aparar algumas arestas imperfeitas que o nosso espírito ainda traz.

Agora, filha, tens a certeza da narrativa que ora fazemos.

O lugar não é importante, o nome real daquela época não é importante. O que importa é o exemplo, e esse procuraremos demonstrar do modo mais fiel possível, porque também será bom para ti.

Que Deus nos fortaleça sempre para conti-

HISTÓRIA DE MUITAS HISTÓRIAS | 231

nuarmos a trazer exemplos de vida e ensinamentos que poderão beneficiar a muitos, porque, se trabalhamos, não o fazemos só para nós, mas para nossos irmãos em Cristo que também necessitam.

No dia 25 de julho, novamente Eça se pronunciou através da escrita, desta vez não sobre o livro, mas em razão ainda daquele período difícil pelo qual eu passava, exortando a oportunidade de resgates e aprimoramento que me era oferecida, quando se achegavam, para a minha companhia, muitos daqueles que um dia ofendi, para serem reencaminhados e libertos de mágoas e ressentimentos.

Ele falava, sobretudo, dos louros que colhem os que conseguem compreender o sofrimento por que passam, e mais ainda, os que podem reencaminhar esses irmãos infelizes, através da mediunidade, ajudando a promover a sua libertação.

Como o nosso objetivo primeiro deve ser o espírito, dizia-me que devemos pensar no futuro, suportando o sofrimento presente que é passageiro, mas que promove a purificação do espírito que é imortal.

Entretanto, para que todo o sofrimento tenha a sua recompensa e deixe no espírito o brilho da limpeza, devemos cuidar para que nunca haja queixumes, mas somente aceitação e agradecimento a Deus e aos que Ele permite, nos auxiliem.

Por isso, em certo ponto da mensagem, transcrevendo suas próprias palavras, ele dizia-me:

Força, fé, mas esperança na libertação e no nosso futuro. Quem sabe, filha, nós que ainda temos que retornar, não seremos agraciados pelo Pai com mais um retorno juntos, mas então com muito mais possibilidade de sermos felizes, porque, apesar dos resgates que ainda nos restarem, estaremos mais habilitados para trabalharmos para esse Pai, ajudando Seus outros filhos a conquistarem aquilo que já conquistamos, a aprenderem as verdades que já aprendemos, colaborando, assim, para que muitos sejam felizes.

Pense no que nos aguarda e agradeça a Deus a escola que a está preparando para quando esse dia chegar. Se não sair aprovada, não terá condições de galgar graus superiores, mas, se se mantiver encorajada, fortalecida e confiante, muito conquistará.

3

O TEMPO FOI transcorrendo e o nosso trabalho caminhando, trazendo-me sempre surpresas ternas e agradáveis, emanadas do grande afeto que nossos espíritos conservam.

No dia 16 de setembro do mesmo ano de 1995, ao chegar à casa espírita "O Consolador", para cumprir uma das minhas obrigações semanais como participante da já aludida reunião para tratamento de obsidiados, tive, de um companheiro, uma informação que me despertou bastante interesse.

A presença de Eça junto a mim, para a realização dessa tarefa, era conhecida de todos os companheiros, componentes desse grupo de trabalho, que tiveram, também, o ensejo de ouvirem a sua palavra de orientação e conforto por algumas vezes, através da psicofonia, no referido grupo de cuja equipe espiritual de auxílio ele também passou a fazer parte, integrado que foi a ela, depois que se achegou, acompanhando-me e auxiliando-me constantemente.

Dizia-me o companheiro que havia lido no jornal, "O Estado de São Paulo", no seu caderno de Cultura publicado todos os sábados, que na semana entrante, haveria, em São Paulo, em comemoração aos cento e cinquenta anos de nascimento de Eça, um Encontro Internacional de Queirosianos. Seria promovido pelo Centro de Estudos Portugueses da USP, para o qual haviam chegado ao Brasil personalidades ligadas à Literatura Portuguesa, trazendo a sua colaboração para tão importante evento, que seria o terceiro realizado nos mesmos moldes.

Não preciso dizer que o assunto atraiu-me sobremaneira. Sempre gostei de literatura e ainda mais quando a obra de Eça seria discutida, o interesse foi ainda maior.

Ao término da reunião, procurei adquirir o número do jornal e, separando as páginas em questão, li-as todas, avidamente, num desejo intenso de também poder participar daquelas reuniões, não obstante saber que seria impossível por todas as circunstâncias que envolviam tal acontecimento.

Eça, como tenho repetido, sempre atento a tudo o que ocorre à minha volta, aos meus sentimentos, ainda mais quando a sua obra aqui deixada seria objeto de estudo e aguçara o meu interesse, não poderia manter-se calado.

Eu tinha para comigo que, de uma forma ou de outra, ele se manifestaria a respeito, mas nunca imaginei que o fizesse nos termos em que o fez.

Na segunda-feira pela manhã, dia 18 de setembro de 1995, quando nos reunimos para o nosso trabalho, ao invés de dar continuidade às narrativas do livro do qual nos ocupávamos, ele passou-me uma mensagem, cujos termos constituem um verdadeiro documento, com um detalhe na sua forma de expressão, bastante diferente da habitual.

Sempre que ele me transmite algum esclarecimento, orientação ou encorajamento, através da escrita, o seu amor de pai faz com que se dirija a mim, chamando-me de filha, constantemente. Entretanto, aquela mensagem não era só para mim. Ela era passada com intenções muito mais amplas, pois que sintetizava, com mestria ímpar, tudo o que ele já havia falado sobre sua obra aqui deixada na sua existência como Eça, o apreço que tem para com ela, expondo também, de forma clara, os objetivos da sua obra atual.

Um dia, quando essa sua nova obra for a público, quem sabe aqueles que participaram de tal evento, assim como todos os estudiosos da sua obra, tomem conhecimento dessa mensagem, aqui deixada em ocasião tão oportuna, e analisem, também, conforme seu desejo, esse seu trabalho atual.

Eu a transcreverei integralmente, pela importância que revela, não só para aquele momento, mas para sempre, como a mais autêntica expressão dos seus sentimentos de escritor, que, analisando a sua obra à distância dos olhos materiais, com ela não se satisfez, reconhecendo ter perdido uma grande oportunidade.

Entretanto, tudo tem o seu momento certo e nenhum fruto amadurece antes do tempo, e, conquanto aquela obra não o satisfaça dentro dos objetivos que hoje seu espírito agasalha, ela serviu de ponto de partida para suas reflexões, para tudo o que vem realizando agora, nessa oportunidade que Deus lhe está oferecendo, e, por isso mesmo, deve ser considerada valiosa.

Não podemos nos esquecer também que, dentro do concerto das obras da Literatura, não só Portuguesa, mas Universal, ela tem seu ponto alto, o seu lugar de destaque e deve ser respeitada como uma verdadeira relíquia.

Sem mais delongas, pois, vamos à mensagem, que falará por si só:

> Os sinos tocam ao redor da obra de Eça de Queirós, e muitos se achegam, desejando descobrir-lhe os segredos e suas mais íntimas intenções ao compô-la.
>
> O tempo passa, a obra permanece, e mais estudiosos, interessados nela, surgem, cada um mais feliz das suas próprias conclusões. Em vista disso, escrevem, expõem, discutem e desejam ser aqueles que mais o compreenderam e melhor entenderam seu trabalho, e dizem: – A obra de Eça de Queirós é tão atual quanto o foi naquela época, e guarda em si ainda as suas características de modernidade!
>
> Não desejo discutir com eles! Deixem que a estudem sob os seus diversos aspectos, como o fazem, e se refiram ao social, ao familiar, ao político, etc., etc...
>
> Eles não sabem, contudo, apesar de tanto a estudarem, que, para mim, aquela é uma obra está-

HISTÓRIA DE MUITAS HISTÓRIAS | 237

tica. Sim, certamente se espantariam desse julgamento! Como estática se continua tão atual e viva através dos tempos? Mas eu repito. Estática no que ela representa em propósitos nobres, estática porque não trouxe nenhuma informação salutar ao leitor, senão concordar com Eça que a sociedade era corrupta e seus membros, corruptíveis; que a moral familiar estava falida, e que o clero, de quem deveria vir o exemplo maior das virtudes proclamadas e ensinadas pelo Cristo que eles mesmos apregoavam, era o mais pervertido de todos.

Louvo as boas intenções daqueles que se reúnem para proclamar meus méritos como escritor, e, outrora, deixar-me-iam orgulhoso, vaidoso e feliz. Porém, enquanto vivi, não me compreenderam e fui atacado e criticado. Precisou que a sociedade se transformasse, outros estudassem o meu trabalho para descobrirem que ele era bom.

Agora, porém, como deverei considerar esse novo conceito que adquiriu?

Daqui onde me encontro, em que muitas oportunidades tive de analisar o que criei, e que deixei como resultado de uma vida de dedicação a um trabalho que era a minha própria razão de viver, concluo e pergunto: – Em que aquele trabalho contribuiu para melhorar a sociedade que eu atacava, as instituições que criticava, ou a organização familiar que colocava em meus romances como falida, onde o respeito mútuo entre seus membros era difícil de ser encontrado? De que me adiantou ter ressaltado esses pontos com os quais não concordava, se não consegui transformá-los nem torná-los melhores? Gostaria, eu mesmo, de indagar àqueles que me analisam a obra, de que me adiantou tudo aquilo? Aos olhos do mundo que hoje me louva, de nada adiantou, porém, para a minha intimidade espiritual, mesmo sem ter conseguido os objetivos a que me propus, valeu-me muito.

Hoje compreendo que é muito fácil apontar erros, mas, levar soluções, nem sempre o é! Não conseguimos, se deixamos que apenas os atrativos do mundo, com seus desmandos, erros e imoralidades, nos chamem a atenção.

Mas, voltando ao que me referi há pouco, afirmando que mesmo assim aquele trabalho teve seu lado benéfico e meritório, quero dizer: – Não fosse essa obra que em nada me agradou ao ser analisada através da distância que os olhos espirituais nos proporcionam, mas através da proximidade das nossas próprias reflexões, quando tantas oportunidades aqui nos são oferecidas, eu não teria tido a possibilidade do retorno.

Aqueles que se atêm apenas ao que Eça de Queirós deixou, como se ele estivesse acabado, não sabem que ele continua vivo! – Digo vivo em toda a plenitude do significado que a palavra encerra, porque estou vivo para as verdades espiri-

tuais, estou vivo para compreender as oportunidades que perdi, e, graças a Deus que me permitiu retornar para este trabalho, estou vivo para
construir outra obra, e feliz, muito feliz do que
temos feito.

Oxalá cada um que agora me analisa e estuda,
apegado ao Eça de então, possa ter contato com o
Eça de agora! Oxalá eles possam compreender
que o Eça se transformou, e que em nada esta sua
obra perdeu, se desejarem compará-la com a anteriormente deixada, mas muito ganhou em conceitos que verdadeiramente são benéficos à evolução do espírito. Certamente, céticos e apegados
às antigas letras aqui deixadas, não o compreenderão e até o renegarão, imputando-o de impostor, mas isso não importa.

Que importa a meia dúzia daqueles que se
apegam ao que fomos ontem e nos reneguem,
por não entenderem o que somos hoje, se muitos,
centenas, milhares de outros que se interessam
pelas verdades espirituais, pelo encorajamento e
força que elas lhes transmitem, valorizarão essa
obra de agora? Nela não encontrarão críticas nem
às sociedades, nem às instituições, nem às pessoas, mas exemplos de vida que as personagens
das histórias lhes apresentam, assim como, também, muitas informações sobre o mundo espiritual, que Deus me permitiu transmitir como fonte de progresso para cada um, que passa a analisar suas próprias ações, desejando pautá-las se-

gundo os ensinamentos de Jesus, para serem mais felizes, para compreenderem melhor os desígnios de Deus e saberem suportá-los, quando lhes forem adversos.

É esse Eça que desejo, todos conheçam, e oxalá possamos ter, um dia, mesmo que mais noventa e cinco anos passem, reuniões de análises desse novo Eça. Só assim os seus propósitos se concretizarão, porque cada um levará para si as boas intenções trazidas por sua nova obra, independente de que reconheçam, no novo Eça de Queirós, aquele de então, que dizem, modernizou as letras portuguesas.

Sinto-me feliz se assim me consideram, por ter contribuído para a modernidade literária do meu país, mas sinto-me realmente feliz agora, porque trago uma obra que apresenta soluções.

Se erros há necessidade de apontá-los, é para que as soluções sejam trazidas e entendidas porque, infelizmente, ainda as sociedades, na Terra, muito precisam progredir, e, nenhuma sociedade progride sem o esforço de cada um.

Se algum dia esse meu novo trabalho for analisado, e compreendidas as minhas mais puras e nobres intenções ao realizá-lo, aí, sim, sentir-me--ei feliz por ter contribuído para o esforço de modificação de cada um. É só isso o que importa aos olhos do Pai – o esforço que cada filho Seu realiza em aprimorar-se através das suas próprias reflexões, da aquisição de virtudes, da prática da caridade em favor daqueles que ainda não compreenderam as verdades de Jesus, ou dos que necessitam de um pedaço de pão.

Que Deus nos ilumine para prosseguir, pois quanto mais aqui pudermos deixar, mais elementos de auxílio traremos – não aos grandes estudiosos e entendedores da doutrina, não àqueles que consagram a vida à vivência do Evangelho de Jesus, mas aos pequeninos que nada sabem e têm pouca oportunidade de entendimentos mais profundos.

Dirijo esta minha nova obra, com muito amor, àqueles que precisam dos primeiros conhecimentos, porque só assim é que poderão entrar em contato com as grandes verdades. Incluo-me no rol daqueles que levam, na Terra, as primeiras letras às crianças, e fico feliz de levar os primeiros conhecimentos às crianças espirituais que aí habitam, ávidas de novos aprendizados.

Que Deus nos ampare e ampare esse nosso novo trabalho, estimulando-nos sempre a prosseguir.

Eça de Queirós, o renovado.

Atente-se aqui para a sua assinatura – o nome completo com o qual o seu trabalho ficou conhecido, quando nas mensagens anteriores assinava apenas Eça, acompanhado de – o renovado – desejando atestar a sua modificação.

4

A NARRATIVA DO livro do qual nos ocupávamos, foi prosseguindo com suas revelações e surpresas e, concluída aquela encarnação na Alemanha, o período necessário à readaptação do espírito no mundo espiritual, até a permissão para nova oportunidade terrena, chegamos à sua existência como Eça de Queirós, da qual eu não fiz parte. Se no primeiro volume eu, como "personagem", fui mais atuante, com certeza em razão dos muitos erros cometidos que precisavam ser trazidos, não só para o meu conhecimento, mas como exemplo do que não se deve fazer, no segundo, o meu pai espiritual foi quem se fez "personagem" central. Não em razão de erros cometidos, mas dos sofrimentos suportados com grandeza de espírito, do seu trabalho realizado no mundo espiritual, da utilização dos seus dons como escritor e dos seus objetivos atuais, numa sequência de exemplos dignificantes – que devem ser seguidos – e que mostram bem o espírito que hoje ele é.

A finalidade do espírito é o próprio progresso, cuja realização se dá, tanto aqui, como encarnado, quanto no mundo espiritual, dependendo das oportunidades bem aproveitadas e do esforço realizado. Por isso, aqueles que tiverem a oportunidade de conhecer esse novo trabalho de Eça, procurando encontrar aquele de então, cujo nome se tornou famoso pela obra aqui deixada, não o encontrarão. Estranho e lamentável seria se, após quase um século depois de ter deixado a Terra, ele continuasse o mesmo. Graças a Deus as oportunidades de evolução existem em qualquer lugar, basta que nos esforcemos para conquistá-la.

Na parte do livro reservada às narrativas como Eça de Queirós, ele não se alongou em detalhes, conforme afirmou numa mensagem que transcreveremos a seguir, justificando que muitos biógrafos já haviam se ocupado desse mister, e, para esse trabalho, interessava o relato do que eles não sabiam.

Assim, pois, ao retornar ao mundo espiritual, tendo deixado uma extensa obra que dera notoriedade ao seu nome, quando teve oportunidade de analisá-la aplicando seus olhos espirituais, cujos interesses são despertados para outros pontos mais elevados que não só os terrenos, ele não se satisfez.

Unindo essa insatisfação a tudo o que observava e aprendia em contato com compromissos tão sérios levados da Terra, por irmãos necessitados, o desejo de retornar com outro trabalho foi se intensificando. Ele seria, se concretizado, uma forma de advertência aos que aqui ainda permaneciam, auxiliando-os a pautarem suas ati-

HISTÓRIA DE MUITAS HISTÓRIAS | 245

tudes dentro de posturas mais salutares, a compreender melhor a sua finalidade neste orbe, a fim de não assumirem tantos compromissos infelizes. Contudo, ele não desejava realizá-lo como encarnado, pelo receio de novamente deixar perder oportunidades.

Seus dons de escritor eram um apelo constante do seu espírito e, partindo dessas premissas, ele começou a compor seus livros, aguardando o momento de poder retornar.

Um trabalho desse porte, entretanto, não é realizado apenas porque nós o desejamos.

Pelo conhecimento que temos, sabemos, a organização no mundo espiritual tem sua disciplina rígida, leis e normas que devem ser seguidas, obedecendo-se a uma hierarquia de postos, não a que conhecemos na Terra, conquistada por meios, as mais das vezes, ilícitos, mas aquela que é resultado da evolução espiritual e colocada a serviço do bem e do amor.

Por isso, um plano bastante minucioso teve que ser organizado, apreciado por aqueles que se encontravam em posições mais elevadas, estudadas todas as suas possibilidades, para ser permitido.

Imaginávamos que assim seria, mas não supúnhamos, houvesse tantas dificuldades, dependesse de tantas verificações, análises e pareceres, e tanto tempo levasse para ser consentido.

Todavia, esse conhecimento adquirido através das páginas do segundo volume de *Um amor eterno*, só nos auxilia a valorizar ainda mais um trabalho dessa natureza – com objetivos elevados e propósitos salutares – pois ele não é efetuado aleatoriamente, como muitos poderão pensar, até descrendo da autenticidade de quem o assina. Ele é o resultado do esforço, da abnegação daquele que o realiza, assim como foi resultado de muita análise e ponderação dos que o permitiram, sobretudo por ser um trabalho extenso que levaria anos para se desenvolver e, como vem acontecendo, sempre mantendo o nível elevado, não o da forma de expressão que esta deve ser simples e acessível a todos, mas o de propósitos.

Se um dia, há tantos anos atrás, cerca de seis ou sete após a sua partida para o mundo espiritual, ele retornara para provar que ainda continuava vivo em espírito, muitas décadas depois, pela permissão obtida, ele voltava, e o fazia trazendo objetivos mais nobres, dos quais temos conhecimento por tudo o que já narramos, transcrito das suas próprias palavras.

Entretanto, a todos esses, um se acrescentava – mostrar ao mundo a sua modificação, não como um ato de orgulho ou vaidade, que, se assim o fizesse, negaria seus próprios objetivos, mas mostrar que todos nós podemos nos modificar, conquistando o nosso progresso espiritual, caminhando para Jesus, e, consequentemente, sendo mais felizes.

Em 2 de novembro de 1995, o segundo volume de *Um amor eterno*, ficou concluído, completando esse trabalho através do qual ele me dera conhecimento de algumas de nossas encarnações, umas de erros, outras de resgates. Falara sobre o seu trabalho no mundo espiritual, expusera os objetivos atuais da realização desta tarefa como um todo, iniciada em 1990 e, aproveitando a

HISTÓRIA DE MUITAS HISTÓRIAS | 247

oportunidade, enriquecera a sua narrativa com orientações, esclarecimentos sobre as verdades espirituais, ensinamentos e exemplos dentro da moral cristã, para que o seu relato fosse mais benéfico ao leitor. Narrara o nosso reencontro de agora e, conquanto cada um no seu plano, ele representava, acima de tudo, a reafirmação de um amor eterno que nos une, como ele fez questão de titular o livro.

Algumas dessas explicações fazem parte de uma mensagem que transcreverei a seguir, passada no dia seguinte da conclusão do livro.

Que as bênçãos do Pai nos envolvam, neste momento, e participe com elas da alegria de vermos mais um trabalho terminado.

Todos os livros que deixamos até agora são importantes por todos os objetivos que colocamos na nossa obra total e, em cada um, como instrumento e componente dela, mas este que ora vimos de terminar, filha, tem para nossos espíritos uma importância muito maior.

Eu obtive autorização, filha querida, para relatar os fatos que aparecem nos nossos dois últimos livros, pois, por mim próprio, não poderia fazê-lo porque, para você, é a abertura de um passado de há três milênios atrás.

Não quero dizer com isso que, anterior a esses três milênios, não tivéssemos tido também uma convivência onde o amor que sentimos um pelo outro, foi aos poucos se sedimentando e cristalizando em nossos espíritos, mas nada me foi permitido narrar.

O importante é que tem aberto ao seu espírito, um longo período de sua caminhada para o progresso e para Jesus, e pode verificar o quanto está modificada, o quanto estou modificado – esse é o objetivo maior de nossos espíritos.

Graças a Deus quando assim acontece, que mesmo tendo errado, mesmo tendo utilizado mal os dons extramateriais que Deus lhe concedeu, hoje está diferente e trabalhando para o bem.

E o que dizer de mim próprio, que teve a oportunidade de conhecer nesse período, e como me encontro hoje, preocupado em auxiliar, em esclarecer, utilizando-me também dos dons que Deus me concedeu, diferente dos seus?

E unindo os nossos dons – o seu de âmbito espiritual, mas como encarnada – o meu de âmbito material, mas como espírito, – podemos realizar hoje um trabalho benéfico, de muito amor, e que não se circunscreve a nós dois somente, mas tomará uma amplitude de extensão que nós mesmos não conseguiremos saber quanto.

De qualquer forma, estou muito feliz e agradecido ao Pai por me ter permitido trazer esses períodos de nossas vidas, para que você comprovasse o amor que nos une e, por causa dele, o quanto erramos e o quanto nos auxiliamos.

Depois desse trabalho, filha, quando tiver a permissão do Pai para retornar para o mundo em que ora habito, você o fará liberta daqueles compromissos, por todo o amor que tem dedicado a esta tarefa e por tudo o que tem resgatado através do sofrimento pelo qual tem passado, sempre com a compreensão e o entendimento que deve ter todos aqueles que desejam realmente aproveitar as oportunidades de resgate.

O nosso trabalho prosseguirá. A bondade do Pai ainda nos permitirá trabalhar bastante para que nossos espíritos sejam mais beneficiados e que nós mesmos, que tanto ofendemos, prejudicamos e sofremos, possamos também auxiliar, esclarecendo, levando esperanças a muitos, aliviando-os.

Não se preocupe com nada, tudo foi transmitido da forma como o deveria ser. De que me adiantaria rechear um livro com detalhes da vida de Eça de Queirós, se tantos biógrafos e estudiosos se ocuparam disso?

O que nos interessa para o trabalho é explicar o que eles não sabem, para que compreendam que Eça de Queirós continua, não mais aquele, mas esse novo que, graças a Deus, só conserva daquele o dom de escrever e faz questão de conservar aquele nome como exemplo, e não por orgulho ou vaidade como podem pensar muitos.

Como você mesma já tem sido intuída, faremos desses dois livros um só, e como seria muito descômodo e desanimador ao leitor tê-lo num volume só, nós o faremos em dois. Mas, como há um hiato entre um e outro, nenhum mal fará se lerem um e não lerem o outro.

O nome é aquele que lhe propus ao término do primeiro, e penso que, depois de tantas narrativas, ninguém irá contestar que se trata de um amor eterno o sentimento que nos une. Se iniciamos a narrativa levando o mal a muitos, num conluio de prejuízos, hoje, unidos pelo mesmo amor, embora estejamos em dois planos, estamos em novo conluio, mas de amor, e levaremos o conforto a muitos.

Quer alegria maior para o Pai e para nós mesmos?

Para Ele que resgata duas almas que muito se comprometeram no mal, para nós que nos vemos ressarcidos do que fizemos, e um dia, se Ele nos permitir, poderemos estar novamente juntos, realizando, aqui, neste orbe, um trabalho de amor e quiçá auxiliando aqueles que um dia prejudicamos.

Que esse mesmo Pai de amor a abençoe, filha, e possa expressar, em auxílio e amor, todo o agradecimento que meu espírito tem por você, seja pelo trabalho que realiza comigo e para mim, seja pelo amor que me dedica e que agora sabe que também lhe dedico, e que ambos, unidos, só pode ser um amor eterno.

Eça

HISTÓRIA DE MUITAS HISTÓRIAS | 251

Com a conclusão de *Um amor eterno*, fechava-se um período que tivera início há três milênios, e fechava-se um círculo que procurava sua outra extremidade há cinco anos, quando, pela primeira vez, eu tivera a manifestação de Eça através da psicofonia, sem saber quem ele era, nem o que pretendia em toda a extensão dos seus objetivos e, muito menos, os laços profundos de afeto que nos uniam.

Após cinco anos desfrutando de companhia tão querida, eu tomava conhecimento do que se passara anterior àquele momento, com todas intenções que ele trazia, com toda a emoção que sentiu ao me reconhecer, e com tudo o que representa a sua presença comigo.

Entretanto, naquela época, me fora dado saber muito pouco, mas, como os espíritos se reconhecem, mesmo um sendo encarnado, como é o meu caso, o afeto antigo foi aflorando e a ligação entre nós, hoje, não obstante em dois planos diversos, é muito grande.

Fechado, pois, esse círculo que retém em seu bojo o aclaramento de tantas situações e um extenso trabalho aguardando publicação, a fim de cumprir os objetivos para os quais foi e está sendo criado, nós prosseguiremos.

Sim, desse círculo um braço se estende porque a obra continua! Não mais em busca da outra extremidade, daquela em que tive a sua primeira manifestação e se fecha voltando para a narrativa dela e de tudo o que envolvia esse nosso trabalho, mas em linha reta, caminhando sempre para a frente, criando e deixando atrás de si um rastro luminoso de conhecimento, de informações salutares, de exemplos dignificantes e de recreação sadia a todos os que caminharem após.

Isto se explica porque, depois da conclusão desse livro, muitos outros ainda realizaremos no futuro, alguns outros já foram completados dos quais falarei num adendo, e o ampliarei também, com as histórias do que tanto esperávamos – levá-los a público e vê-los nas mãos dos leitores.

Enquanto Deus me der vida e saúde para o desempenho desta tarefa, e, enquanto o meu querido pai espiritual – Eça de Queirós – achar que o nosso trabalho está sendo produtivo e que, de alguma forma, estamos colaborando para a concretização dos seus objetivos, nós prosseguiremos. E o faremos com muita alegria e satisfação, dedicando-nos com muito amor, até o limite das nossas energias físicas que Deus, na Sua bondade, tem conservado e até acrescentado, para que possamos ressarcir, com trabalho, um pouco mais dos débitos que ainda carregamos, e aprender um pouco mais para a nossa evolução espiritual.

Quando iniciei esta narrativa que emoldura as telas espirituais que meu pai tem deixado para o meu conforto – e agora o de muitos – eu afirmei que, se eu tivesse sido dotada da visão extracorpórea ou do dom da premonição, talvez a tivesse iniciado a partir do ponto em que o segundo volume de *Um amor eterno* fora concluído, ou seja, quando ele chegou e ainda sem se apresentar, prosseguindo, após, com a história de muitas histórias que compõem este livro, surgidas paralelamente ao longo da execução desta tarefa.

HISTÓRIA DE MUITAS HISTÓRIAS | 253

Entretanto, tudo vem a seu tempo e eu não sei até hoje quanto demorou desde a sua chegada, cujas circunstâncias tomei conhecimento através do final do referido livro, até o momento da sua primeira manifestação, no início desta narrativa.

Mas, esse detalhe não é importante. O que importa é que as histórias das muitas histórias vividas durante todos esses anos, aqui estão, e poderão levar o esclarecimento a muitos, assim como o conforto das mensagens que ele me passou durante o transcurso desse período – todas de ordem particular, que, no momento em que este livro for a público, tornar-se-ão públicas também.

Só espero que o leitor tenha por elas o mesmo carinho e respeito que eu tenho, e retire delas, para seu benefício, toda a alegria e bem-estar que sempre me transmitiram, independente de particularismos.

Os espíritos elevados, acima de qualquer afeto particular, consideram toda a humanidade, sobretudo a que sofre, razão pela qual ele intuiu-me insistentemente para que escrevesse essas histórias, a fim de que outros também pudessem aproveitar do conteúdo das suas mensagens, desligando-as da nossa intimidade restrita de pai e filha, passando-as para o domínio amplo de todos.

Que cada um possa ter sido tocado em seu coração como eu própria o fui, porque todas as suas palavras trazem, no seu âmago, além da expressão de um grande amor que me dedica, os preceitos deixados por Jesus, quando esteve entre nós, e que compõem o objetivo primeiro dessa obra que ele aqui veio realizar.

Agradecendo a Deus, a Jesus, a meu pai espiritual

com quem realizo essa tarefa, a todos os benfeitores espirituais que nos têm auxiliado, sobretudo nos momentos mais difíceis, damos por concluída esta parte, pedindo-lhes que nos deem forças para que possamos prosseguir, não só na composição do adendo a seguir, mas na realização de toda essa tarefa, para que um grande número de necessitados possam ainda ser beneficiados.

ADENDO
As histórias continuam...

ESTE ADENDO TEM seu ponto de partida no fechamento do círculo que marca o período já comentado e, como esta tarefa, agora, segue seu curso, desdobrando-se em linha reta, ele ficará em aberto, pois não temos previsão do quanto caminhará, do que deixará atrás de si pelos caminhos que percorrer, porque somos, nas mãos Deus, simples instrumentos da Sua vontade.

No entanto, por tudo o que comentamos, pelas histórias que narramos e pelos livros já prontos depois daquele período, e ainda sem comentário, sabemos, pelas intenções que esse trabalho encerra, que ele sempre trará o melhor em auxílio a muitos. Por isso, vamos aproveitando todas as oportunidades que se nos apresentam, com muita vontade, com muita dedicação e com muito amor, e vamos aqui expor, agora de forma mais sucinta,

256 | Wanda A. Canutti

o que já temos concluído, bem como o que realizaremos até o dia em que fecharemos esta *História de muitas histórias* de vez.

Em 9 de novembro de 1995, novo livro foi iniciado, cujo desenrolar nos ocupou até 13 de março de 1996, data em que foi encerrado.

Renascendo do ódio é o seu nome! A história se passa em Paris, e o seu conteúdo é o resultado de algumas das consequências que o país foi obrigado a enfrentar, em razão da Revolução Francesa. Entretanto ele tem, como tema central, a reencarnação de um espírito mergulhado no ódio e no desejo de vingança.

Depois de esgotadas todas as possibilidades que lhe foram oferecidas para que desistisse de empreitada tão maléfica da qual se ocupava e se redimisse, a única solução encontrada para aplacar tanto ódio e promover a reconciliação com aqueles que considerava seus ofensores, foi fazê-lo renascer justamente entre eles.

Todos esses acontecimentos, para o enlevo do leitor, estão envoltos, também, por momentos líricos de muito amor entre algumas das personagens.

Cumprindo o desejo de prosseguir sempre sem perda de oportunidades e de tempo, Eça iniciou um outro livro em 18 de março.

A história transcorre também na França, sobretudo em Paris, no século passado, e trata de um assunto ainda hoje muito atual, talvez mais importante em nossos dias que naquela época, quando um grande número de jovens deixam a casa dos pais para aprimorar os estudos.

Se naquela época havia perigo, hoje os há em muito

maior quantidade. As ilusões da vida são outras, a liberdade é outra, facilitando a delinquência e os vícios, favorecendo a que eles se desviem e assumam compromissos para seus espíritos.

Esse livro, ao qual Eça deu o título de *Sempre é tempo!*, foi concluído em 19 de agosto do mesmo ano.

Quase ao final da sua transmissão, em 31 de julho, ao passar-me nova mensagem reafirmando as suas esperanças de logo ver o resultado do nosso trabalho liberto de nossas mãos, seguindo seus próprios rumos, e repetindo algumas das suas próprias palavras em relação ao conteúdo que o livro em questão encerra, ele assim se expressou:

> O nosso livro é um alerta, senão para os filhos que não se interessam muito por leituras como serão as nossas, pelo menos para os pais, para que fiquem atentos, os amparem e os auxiliem e, mesmo distantes, que se façam sempre presentes de alguma forma, e saibam, também, como auxiliá-los a gerir a receita que lhes dão para a sua sobrevivência.
>
> Como vê, tudo tem o seu interesse e procuramos trabalhar dentro deles, abrangendo uma grande gama de facetas que a sociedade, com sua convivência, apresenta.

Curioso é aqui ressaltar um detalhe do convívio de Eça conosco.

No início do nosso trabalho e no transcurso dos primeiros anos, ele sempre me brindou com muitas mensagens que faziam a minha alegria e ainda emocionam o meu coração ao relê-las, todavia, com o passar dos anos, elas foram se escasseando, cuja causa eu não sei. No entanto, presumo que, de início, elas eram necessárias a fim de que um estreitamento mais profundo se realizasse entre nós, para que houvesse uma sintonia mais perfeita na realização da nossa tarefa, e agora ele imagine já ter me falado, através delas, tudo o que precisava, tudo o que desejava, e após, num período em que o tempo deve ser aproveitado para mais livros serem transmitidos, ele tenha se restringido a algumas poucas, mas quando acontecem, deixam-me muito feliz.

Logo no dia imediato à conclusão de *Sempre é tempo*, novo livro foi iniciado, desta vez tratando de um assunto surpreendente e narrado de forma fascinante, em que uma personagem se recorda de sua encarnação anterior, de início, e de outras mais longínquas, com o passar do tempo, ocasionando preocupações entre os familiares, para os quais o fenômeno das múltiplas existências era desconhecido, e ainda mais por ocorrer com uma criança.

Entretanto, o assunto dá ensejo a explicações belíssimas e esclarecedoras para todos aqueles que ainda descreem ou ignoram o processo da reencarnação – verdade insofismável, tomando como ponto de partida, justamente as recordações que não deixavam dúvidas porque eram perfeitamente comprováveis.

Há momentos ternos como os há em todos os seus livros, para que a narrativa se suavize e os corações se

HISTÓRIA DE MUITAS HISTÓRIAS | 259

sensibilizem e se emocionem com a expansão do sentimento do amor.

Esse livro foi concluído em 27 de janeiro de 1997 e foi intitulado – *Depende de nós*.

Na oportunidade do término desse livro, ele passou-me uma mensagem agradecendo o meu esforço de colaboração para a realização dessa tarefa, segundo ele, muito maior do que poderia esperar, acrescentando que, se ao chegar, trazia um plano, com o passar do tempo ele se modificou, não pela minha acomodação, mas pela minha dedicação e vontade de trabalhar. Por essa razão, disse-me que se sentia muito feliz.

Prosseguindo, dando asas a essa sua vontade de trabalhar, no dia seguinte, 28 de janeiro, ele iniciou mais um livro.

Ah, se todos até aqui foram atuais, mesmo retratando épocas remotas, porque o ser humano, com todas as imperfeições que carrega é renitente e acomodado aos esforços de modificação, e sempre precisa de esclarecimentos e orientações, esse que ele vinha de iniciar era muito mais atual e importante.

A história passa-se na época atual e retrata um problema muito sério que está grassando cada vez mais e com mais força entre os jovens, e se alastrando e estendendo seus múltiplos tentáculos demolidores da paz familiar e da integridade física e moral daquele que se deixa dominar por suas garras.

O nome fala por si mesmo – *Rastros do vício*, – o caminho de dores e sofrimentos torturantes experimentado por aqueles que se entregam ao vício das drogas. Todavia, como deve ser uma obra que contém no seu bojo a revelação de muitas das verdades espirituais permitidas, como orientação, alerta e auxílio aos que aqui se encontram, ela traz, além da exposição dos sofrimentos terrenos a que são submetidos os que, fracos e covardes, se deixam viciar, o conhecimento de tudo o que os aguarda no mundo espiritual, após a partida deste plano, pois os sofrimentos prosseguem e são muito mais intensos.

Esse livro narra com bastante clareza, como transcorre o processo de vampirização, para aqueles que partem deste orbe sem ter conseguido afastar-se do vício, porque a dependência continua, mesmo depois da morte do corpo físico, ocasionando-lhes um grande desespero, porque as dificuldades de satisfazê-la são maiores.

Ele foi concluído em 28 de maio de 1997.

No dia 2 de junho, um novo livro foi iniciado, demonstrando que Eça não desejava perder nenhuma oportunidade que poderia ser aproveitada para a continuidade do nosso trabalho.

Desta vez se tratava de um livro que abordava um tema importante, um desvio de comportamento que algumas pessoas apresentam, e que existe desde a criação do homem, mas que, atualmente, vem tomando um aspecto de liberalidade, rompendo todos os tabus que o envolviam – a homossexualidade.

Felizmente, porém, temos esse problema apresentado num livro que faz parte da Literatura Espírita, que compreende o modo de ser de cada um, porque sabe do determinismo reencarnatório como consequência de algum resgate que obriga àquela condição, e trata o assunto com o respeito que lhe é devido.

E justamente por isso, esse tema é abordado de modo diferente, não como aconselha a moderna psicologia para que se dê vazão, sem nenhuma repressão, às tendências sexuais, não obstante estranhas à maioria das pessoas, mas concita aquele que se vê imerso em tal condição, a que sublime as suas potencialidades, desviando-as para ações nobres e comportamentos elevados. É uma forma de não vir a se transformar numa aberração, que possa ocasionar arrependimentos e remorsos, e estimula o trabalho no bem em favor de outrem, que assim estará trabalhando para o bem-estar de si mesmo.

Falando sobre o tema desse livro, Eça, em mensagem de 31 de julho de 1997, diz o seguinte:

> Você sabe que, dentro dos meus propósitos, esse tema não podia ter sido deixado de lado, por estar envolvendo um grande número de encarnados, atualmente, e que não sabem a finalidade de terem assim vindo.
>
> Uns se revoltam, outros aproveitam a vida como entendem que devem aproveitar, outros mais evoluídos abstém-se de qualquer ato que possa comprometê-los mais, mas é necessário uma orientação.
>
> Devemos pensar, também, na discriminação com que muitos são tratados pela própria família, quando, na verdade, deveria orientá-los.

262 | WANDA A. CANUTTI

Em razão de uma viagem e de novos problemas de saúde, esse livro só foi concluído em 8 de fevereiro de 1998.

Em 5 do mesmo mês, poucos dias antes da sua conclusão, em outra mensagem, ele alertava para o mesmo tema:

Aqueles que se ativerem à sua leitura com cuidado e desejo de realmente apreender não só as linhas, mas as entrelinhas, terão muito em que pensar e não acredito que após, mesmo que já tenham penetrado numa vida dissoluta da não contenção, não retornarão a ela sem pensar e, com o tempo, poderão seguir o exemplo daquele que lá foi colocado como personagem, justamente para ditar comportamentos sem querer impor nada a ninguém, porque ele os impôs somente a si mesmo.

Aqueles que já estão mais elevados e pautam sua vida dentro dos ensinamentos de Jesus e, atidos às verdades espirituais, têm os olhos voltados não para essa existência, mas para a futura.

E sabemos, nada de bom os aguarda num futuro, se não souberem viver o presente adequadamente.

O bem e o mal, foi o título que esse livro recebeu, para que pensássemos que, muitas vezes, o que parece ser um mal, pela forma como o portador desse desvio o enfrenta e o vive, canalizando as suas potencialidades para

HISTÓRIA DE MUITAS HISTÓRIAS | 263

as ações nobres, para a contenção dos instintos, torna-se um bem, porque o auxilia nos resgates de débitos, liberando-o para sempre.

Entre meio a esse período em que Eça me transmitia esse livro, recebi dele algumas mensagens e, de uma delas, datada de 9 de outubro de 1997, retirei o seguinte trecho, pelo conforto que suas palavras trazem àqueles que sofrem.

Já pensaste, filha, se aqui como encarnados viéssemos, passássemos uma existência florida e retornássemos, o que levaríamos nós para o nosso espírito, em aprimoramento, em conquistas?

O sofrimento ainda é, neste orbe de provas e expiações, a ferramenta maior que modela o espírito para novas jornadas mais felizes, retirando dele as arestas que lhe empanam o brilho. Por isso, cada aresta retirada, cada sofrimento bem suportado, faz surgir no espírito pontos luminosos, e assim continuarão até que todo ele esteja brilhante.

Voltando a falar no livro *Getúlio Vargas em dois mundos*, que ainda se encontrava em mãos do doutor Elias Barbosa para ser analisado, no dia 4 de novembro de 1997, ele, gentilmente, enviou-me um telegrama comunicando-me que havia iniciado a sua leitura.

Dias depois, em uma conversa via telefone, ele disse que gostaria de me entregar o livro pessoalmente, a fim de fazer os comentários que eram pertinentes. Combinamos, pois, que eu iria buscá-lo assim que o seu trabalho de avaliação e revisão estivesse concluído, o que ocorreu na primeira quinzena de dezembro.

Durante a visita que lhe fiz, após os comentários sobre o livro em questão, ele mostrou-me também o que já havia escrito como início do prefácio, o que me deu a certeza de que teríamos um trabalho primoroso.

De posse do livro, eu acertei toda a revisão que ele havia feito e fiquei aguardando que me enviasse o prefácio para que pudesse encaminhá-lo a uma editora, o que só ocorreu no mês de abril do ano seguinte, 1998. O seu trabalho era longo, detalhado e completo em relação ao autor espiritual e ao novo estilo que adotara, revelando seu grande conhecimento em Literatura, que não só a espírita.

Acrescentado o prefácio, o livro estava pronto, só faltava uma editora que aceitasse publicá-lo, apesar do estilo diferente do autor espiritual, e eu sabia, não seria fácil.

O amigo Amélio Fabrão Fabro Filho, indicou-me a Editora EME, da cidade de Capivari.

Por saber que era um órgão que trabalhava com seriedade, eu aceitei a indicação, tendo em mente as palavras do doutor Elias Barbosa ao devolver-me o livro, quando me recomendou que eu não o entregasse a qualquer editora, porque ele era bom, e uma boa editora já o recomendava por si mesma. Ele mostrava-se cuidadoso, e assim deveria ser, mas, como resultado da sua humildade, ele deve ter se esquecido de que o que recomendava o livro, além da editora era o seu aval.

O próprio senhor Amélio entrou em contato com o

proprietário da referida Editora, que pediu, eu lhe enviasse o livro, o que foi feito logo em seguida, sem saber ainda como seria considerado e se seria aceito para a publicação. Todavia, só me restava confiar e esperar. Encaminhado estava e, como a espiritualidade boa sempre auxilia as boas causas, ele deveria ter sido enviado ao lugar certo.

Retornando ao comentário de nossos livros, logo após o término de *O bem e o mal*, outro foi iniciado em 10 de fevereiro de 1998, e como sempre o fazia, utilizando-se das personagens e da trama do romance, e diversificando os assuntos, ele abordou o tema do aproveitamento que devemos dar ao tempo.

Em certo momento das Palavras do Autor desse livro, ele diz:

> Aproveitemos os nossos dias, utilizando bem as nossas horas, até nossos minutos, pois é num deles que, às vezes, comprometemos não só todas as horas do nosso dia, mas toda a nossa existência.

Esse livro mostra também a vida amarga de uma das personagens, por convicções errôneas que colocou no seu coração em relação a um acontecimento do passado, e, sem aceitar a verdade dos fatos, ocasionou muito sofrimento a si mesma e aos que a rodeavam.

Com isso perdeu uma existência, perdendo o tempo precioso que lhe foi concedido para vivê-la de forma salutar, cuidando dos que lhe eram caros e aceitando o amor que lhe dedicavam.

266 | WANDA A. CANUTTI

Essa ideia fixa que não lhe permitia ver além do que ela própria criara como verdade, ultrapassou as barreiras do corpo físico, chegando até o mundo espiritual, com consequências graves ao seu espírito. A esse livro, como não poderia ter sido diferente, em virtude do tema abordado, ele deu o nome de *O tempo*, e foi concluído em 2 de junho de 1998.

Durante e recepção de *O tempo*, em 10 de abril de 1998, dias antes de eu receber o prefácio que o doutor Elias Barbosa estava escrevendo, recebi nova mensagem de Eça, e a ela refiro-me apenas agora por uma razão importante.

Depois de falar do nosso trabalho, das esperanças que depositava nele, de afirmar mais uma vez que ele era a sua própria vida; depois de mais uma vez me agradecer por colocar-me à sua disposição para essa tarefa, depois de aconselhamentos, ele acrescentou um esclarecimento muito importante em relação ao doutor Elias Barbosa, que já me vinha sendo passado intuitivamente, e que transcreverei a seguir, pela curiosidade da revelação.

Filha, o que tem estado em sua mente em relação àquele nosso irmão que detém em suas mãos o nosso trabalho, é verdadeiro. Só não lhe revelarei o nome, mas nossos espíritos já se conhecem de há muito. Por isso, pela sua capacidade, pelo progresso que já fez no campo espiritual, era a pessoa indicada para realizar esse trabalho, e ainda mais, amigos que sempre fomos, sempre cada um respeitando muito o trabalho do outro, como acontecu agora, pelo respeito que ele teve para com o meu trabalho atual, embora diferente.

Se o meu trabalho agora está diferente, ele também o está, mas nossos espíritos se reconhecem, e meu trabalho foi reconhecido por ele, por isso foi aceito sem nenhuma contestação, e por isso foi colocado em suas mãos.

Entende, filha, como tudo entre o mundo espiritual e o mundo dos encarnados está encadeado?

Compreende quando afirmamos que o acaso não existe?

Compreende como tudo deve sempre acontecer?

O que para vocês é um simples acaso, para os que trabalham deste lado e desejam levar alguma coisa para o seu lado, é o resultado de um esforço intenso de pesquisa e preparação, para que o "acaso" seja o cumprimento do que tínhamos como meta, a fim de que dele se desenvolva a concretização do que precisamos se efetive.

Talvez lhe pareça um pouco complicado, mas sei que compreendeu bem. A nossa finalidade foi atingida e logo você terá em mãos, vinda de um grande amigo de outrora, a chave que abrirá as portas para todo esse nosso trabalho.

Sinto que está feliz, filha, a sua intuição estava correta, nós mesmos lhe passamos, porque era hora de você saber desse elo profundo que sempre nos une a todos – encarnados e desencarnados – para a concretização de objetivos. Ele foi colocado nos meus objetivos aparentemente sem saber, mas foi preparado espiritualmente para isso.

Ele se sente feliz desse trabalho que realizou, porque instintivamente sabe que o fez para um grande amigo, além de todos os objetivos que esse meu trabalho de agora traz, e que estão entrelaçados com os dele, pela doutrina que abraça.

Necessário se faz, aqui, relatar que o livro estava em mãos do doutor Elias Barbosa há cerca de quatro anos, e Eça nunca se manifestara a respeito, com certeza para nada influenciar no trabalho dele. Não devemos nos esquecer também de que o livro fora parar em suas mãos como resultado de um "acaso", que agora sabemos, tão bem preparado.

Como ele deveria estar acompanhando o trabalho do doutor Elias, e verificado que estava pronto, passou-me aquele esclarecimento por compreender o momento como oportuno, acrescentando que logo eu o teria em mãos.

Em 22 de abril eu recebi, pelo correio, o que ele preparara para o prefácio do livro, o que me possibilitou dar-lhe o encaminhamento já narrado.

Só me restava, pois, aguardar a análise que a editora faria e a sua decisão quanto à publicação ou não.

Depois de algum tempo tive notícia de que algumas pessoas o haviam lido, considerando-o um bom livro e pronto para fazer bastante sucesso entre os leitores, embora algumas, como era esperado, duvidavam da autenticidade do autor espiritual, justamente pela mudança de estilo, já sobejamente comentado.

O professor Celso Martins, emérito estudioso da nossa doutrina e grande colaborador da sua literatura, pelo considerável número de livros de sua autoria, analisou-o, e disse não ter dúvidas de que se tratava realmente de Eça de Queirós, o que deu a convicção à Editora de publicá-lo.

Em relação ao prefácio do doutor Elias, por ser um tanto longo e circunscrito a Eça de Queirós, a editora pediu-me autorização para colocá-lo como posfácio.

Eu não poderia autorizar sem falar com ele, que era o autor do trabalho, mas, consultado, bondoso e compreensivo, não opôs nenhum obstáculo, considerando mesmo que, colocado no final, deixaria o leitor mais motivado para lê-lo.

A editora começou a preparar o livro, pedindo-me uma sugestão de capa. Como eu possuía uma foto de Getúlio Vargas, extraída da revista Manchete do ano de 1993, quando publicou uma extensa matéria sobre os acontecimentos de 1954 e, por identificá-la com alguma descrição que o livro trazia quanto ao seu modo de caminhar, revelando preocupação, eu guardei-a, imaginando que um dia poderia servir, de alguma forma, para ilustrar o livro. Por isso eu a enviei e foi aproveitada como o conhecemos hoje.

Faltava agora, apenas esperar o livro pronto, para verificar a reação do público leitor.

Enquanto transcorriam esses acontecimentos, um novo livro foi iniciado em 17 de junho de 1998, que foi intitulado *Que amor é esse?*

270 | Wanda A. Canutti

Ele demonstra o apego exagerado de uma personagem pelo seu marido, mas depois de partir para o mundo espiritual em virtude de pertinaz moléstia, tentou impedir, em espírito, de todas as formas, que ele fosse feliz com outra esposa, mesmo tendo de prejudicá-lo como o fez.

Entende-se que amor é união, renúncia, compreensão, e nunca prejuízo, ainda mais aos que se diz amar, ocasionando-lhes grandes desgostos e sofrimentos.

Esse livro foi concluído em 21 de outubro de 1998.

Em 9 de novembro, um outro livro foi iniciado, ao qual foi dado o nome de *Medida drástica*.

É a explicação do que ocorre a muitos espíritos renitentes no mal, em determinados vícios, e que, mesmo prometendo, mesmo se preparando, não conseguem libertar-se deles e, em novas oportunidades reencarnatórias, cometem os mesmos erros.

Nesses casos, uma medida drástica é necessária, como aprendizado, para impedir de vez que reincidam no mal, perdendo tantas oportunidades. O que momentaneamente representa um mal, é um grande bem, considerando-se a imortalidade do espírito.

Medida drástica foi concluído em 17 de março de 1999.

Durante a recepção desse livro, no mês de novembro de 1998, a editora enviou-me alguns volumes do livro *Getúlio Vargas em dois mundos*, já prontos, à disposição do público leitor.

Depois de tanto tempo de espera, tínhamos o livro em mãos, causando-nos uma sensação indescritível.

Eça, sempre atento a tudo o que se refira à nossa tarefa, ainda mais na expectativa da publicação do primeiro livro, passou-me, na ocasião, uma mensagem tecendo alguns comentários sobre a difícil arte de esperar, da qual transcrevo abaixo alguns de seus trechos, por compreendê-los úteis a qualquer situação de espera, seja pelo motivo que for:

A alegria que me envolve o coração, nesta manhã radiosa em que novamente me é oferecida esta oportunidade, é inenarrável.

Espera-se, espera-se, espera-se, mas Deus está atento e sabe o momento de satisfazer a espera que muitas vezes consideramos longa demais, e nos proporciona a felicidade de termos o objeto dela em nossas mãos.

O tempo passa, o trabalho continua e o que tem que ocorrer, ocorrerá! Não digo com isso que devemos ser acomodados e contemplativos aguardando que a nossa espera termine e consigamos o que tanto desejamos. Não, devemos lutar, devemos trabalhar, para que a espera tenha valor e o cumprimento dela, seja mais valoroso ainda.

Filha, eu esperei, desde o mundo espiritual, a autorização para aqui estar realizando este trabalho, e a espera não foi pequena.

Você esperou o dia de ver um de nossos livros em suas mãos, a espera foi grande e o dia chegou.

Não importa o tempo de espera, mas o que se consegue quando ela termina, pois que se esperamos, o fazemos por causas nobres.

Para tudo, neste mundo comandado por Deus, tem a sua hora. O importante é não fazermos dos momentos de espera, horas vazias, mas prossigamos o nosso trabalho, para que ao termos a primeira espera vencida, passemos a esperar por outra realização.

E, em se falando no nosso trabalho, nós que soubemos utilizar as horas de espera, temos muitos livros prontos para novamente iniciar um novo período semelhante, e assim será sucessivamente, até o dia em que Deus permitir aconteça o que também esperamos desde o dia em aqui neste orbe aportamos.

Entretanto, um trabalho como o nosso, não vive apenas pela espera da publicação, não. Depois dela, começa uma outra fase, talvez a mais importante porque é a do cumprimento dos nossos objetivos. É o momento de vermos o livro saído de nossas mãos e espalhar-se por muitas e muitas outras mãos, que poderão, através do conteúdo que ele traz, receber o exemplo, a orientação, o esclarecimento, dentro de uma recreação agradável, instrutiva e sadia.

Este é o nosso objetivo maior e por ele tem valido todos estes anos de espera, pois foi para isso que esse meu trabalho foi permitido.

Partindo agora de cada um que terá nossos livros em mãos, uma nova fase se nos apresentará, talvez a mais difícil, aquela que não precisará de muita espera, porque a impiedade gosta de se manifestar rapidamente em forma de crítica.

Sabémos que, conforme aquele que o ler, conforme o seu entendimento e até conforme as suas virtudes, teremos um tipo de crítica. Haverá aqueles que se empolgarão com o assunto e com ele se regozijarão. Haverá outros cujo assunto é o menos importante, pois, quais detetives e investigadores, ignorarão tudo o que o livro traz de bom para seus espíritos e ficarão procurando qualquer senão para criticar e até atacar, colocando o descrédito na mente dos companheiros, quando não o fazem por algum órgão mais amplo de divulgação como a imprensa.

Enfim, somos todos diferentes e cada um aprecia à sua maneira. O importante é que não demos mais atenção a esses que têm prazer de destruir e fiquemos com aqueles que têm olhos de ver e conseguiram penetrar nas nossas mais profundas intenções ao compô-lo.

Filha, já a adverti e agora em que o momento é o adequado, repito: – Ouça você o que ouvir, falem o que quiserem falar, mantenha o seu coração sereno e compreenda os comentários sem deixar que nenhum deles afete o seu coração sensível, porque precisamos prosseguir e nada, nada, deve perturbar a continuidade do nosso trabalho.

O que importa é Deus e Jesus que nos permitiram realizar esse trabalho. Eles sabem dos nossos objetivos e sabem também das nossas limitações, mas, mesmo assim, importa o trabalho que realizamos, o amor que a ele dedicamos, todos os objetivos que nele colocamos e que são os mais nobres e elevados, dentro da nossa capacidade de expressão e das virtudes que a custo conquistamos.

Esteja feliz com a primeira vitória alcançada, e o que virá depois, é em decorrência dela.

Resta-nos, agora, esperar que o livro do nosso querido irmão cumpra os nossos objetivos como componente do todo do nosso trabalho, mas que cumpra, com os nossos, os dele também, que precisava desse livro para se sentir mais tranquilo em relação ao povo que o amou.

No final dessa mesma mensagem, Eça falou-me de um comovente comentário que Getúlio Vargas havia feito sobre a capa do livro, revelando a conscientização de seus erros, demonstrando, também, o profundo sentimento de humildade que seu espírito havia conquistado depois de tanto sofrimento,

Com a publicação do livro *Getúlio Vargas em dois mundos*, acontecia o que mais esperávamos, o que aguardávamos há alguns anos. O primeiro que deveria ter sido transmitido e, apesar de ter sido o quinto, nada foge ao que está preparado, e ele foi o primeiro a ser publicado. Não que o tivéssemos escolhido para isso, mas tudo foi se encaminhando para que o preparado se cumprisse, mesmo sem o sabermos.

No dia 28 de novembro de 1998, no mesmo em que

faríamos, à tarde, o lançamento desse livro na Sociedade Espírita Kardecista "O Consolador", a casa espírita onde presto a minha colaboração como médium psicofônico, pela manhã, no nosso horário habitual de trabalho, Eça transmitiu-me uma mensagem em referência àquele evento, dizendo-me, entre a expressão da sua alegria e a proteção que me daria durante a sua realização, o seguinte:

Filha amada do meu coração, o dia hoje é de festa, e uma festa incomum.

Sim, a festa é incomum porque se servirá nesse banquete que fará parte dela, o acepipe mais saboroso, mas não para o corpo e sim para o espírito.

Você ainda está encarnada, aqueles que participarão dele também o estão, mas é o espírito que estamos visando, ao oferecer, no cardápio divino do progresso espiritual, um livro recheado de ensinamentos, de exemplos, todos transmitidos com muito amor.

Regozije seu coração, filha, com o banquete que ofereceremos hoje, porque todos ficarão satisfeitos, e mais satisfeito ficará Jesus pelo sucesso que ele terá, levando alguns de seus irmãos mais próximos dele, por tudo o que compreenderão e retirarão de entre as suas páginas. O nosso coração está em festa, a espera foi grande, mas o sucesso fará esquecer todas as lutas e toda a espera, como aquela mãe que, após longa espera, espera ter seu filho nos braços, mas ele não lhe chega senão através de muitas dores, que ela, ao contemplá-lo, agradece a Deus tê-la escolhido para sofrer dores tão benditas, mas lhe recompensa com a chegada do seu filhinho amado.

Assim podemos dizer, a espera foi grande, a gestação difícil, mas já temos nosso primeiro filho nos braços, e Deus é tão bondoso que nos permite não só nós ficarmos com ele, mas deixa-o encaminhar-se para muitos outros braços que se sentirão confortados em recebê-lo.

O dia de hoje é de festa, e essa festa se completará quando a anfitriã, tomando da palavra, explicar a todos como esse filho foi preparado, tudo o que envolveu a sua criação, falando também do quão benéfico ele será a todos.

Dessa forma, o que havíamos preparado foi efetivado, e eu pude expor os pontos principais dessa tarefa que realizo desde a chegada de Eça de Queirós, ressaltando os motivos do seu retorno bem como os seus atuais objetivos, tudo transcorrendo dentro da mais absoluta paz e tranquilidade, atestando a proteção que ele prometera me dispensar.

A partir daquela data o livro começou a ser propagado em muitos pontos deste País e sendo muito bem aceito. Apesar de um ou outro comentário contrário, conforme Eça previra e me advertira, porque é o que sempre ocorre, eles nada representaram diante do grande número de leitores que o procuravam e ainda o procuram, e as edições começaram a se suceder uma após outra.

Como o próprio Eça diz, o importante são os milhares que se beneficiam com o livro e não um ou dois que desejam entravar o trabalho dos outros.

Daquela data memorável para esta nossa tarefa, 28 de novembro de 1998, até hoje, o nosso trabalho vem continuando e mais alguns livros foram transmitidos, fazendo crescer o rol dos que esperam a sua vez de serem publicados:

O amor sempre vence
Um tema para duas histórias
Em nome de Deus
Reparação – um difícil propósito
Meu filho
Experiências
Viver para aprender
Tudo pela música e mais um que caminha para o seu final.

Além desses há um outro livro do nosso querido irmão Charles, que retornou para novo trabalho, intitulado *Conquistando virtudes, combatendo defeitos.*

Como resultado do abrir de portas que o livro *Getúlio Vargas em dois mundos* promoveu, e do grande interesse que ele despertou entre o público leitor, outros livros estão sendo publicados pela mesma editora, que vem demonstrando muito respeito e confiança no nosso trabalho transmitido pelo espírito Eça de Queirós. Todos com grande procura por parte dos leitores, o que nos anima a prosseguir sempre e mais.

Difícil tem sido escolher aquele que irá a público, pelo número de livros que tenho prontos, resultado de um trabalho dedicado e constante de tantos anos, mas na hora certa um título me vem à mente como sendo o próximo, e temos podido diversificar bastante em relação ao assunto, atendendo, assim, às necessidades de cada um, para o seu aprendizado e consequente processo evolutivo.

Desse modo, não temos seguido a ordem cronológica com que foram transmitidos, mas procuro variar entre os primeiros, os mais recentes e os outros, cujas datas se encontram nas Palavras do Autor. Assim, já foram publicados os seguintes livros, após o de Getúlio Vargas:

Depende de nós, em novembro de 1999.

Um amor eterno, em abril de 2000.

Rastros do vício, em julho de 2000.

Foco de luz, em fevereiro de 2001.

O preço da vingança, em setembro de 2001.

Em nome de Deus, em dezembro de 2001.

Elos do passado, em março de 2002.

A camponesa da casa de pedra, em dezembro de 2002.

O bem e o mal, em março de 2003.

O amor sempre vence, em julho de 2003.

Todos são relevantes pela diversidade de temas que apresentam, mas, dentre eles, ressalto *Um amor eterno*, pela sua importância para o todo desta nossa tarefa e para nós mesmos, como espíritos imortais, falíveis, mas interessados em evoluir.

Em relação a esse livro, uma observação há a ser feita. Originariamente ele foi transmitido em dois volumes, conforme o já exposto, mas a Editora, com sua experiência, disse que livro em dois volumes acarreta algumas dificuldades, por isso me aconselhou que eu o ajustasse em um único volume, e assim foi feito. Um volume só, dividido em duas partes.

No final desse livro está publicada aquela mensagem já comentada, transmitida por Eça por ocasião do III Encontro de Queirosianos, promovido pelo Departamento de Estudos Portugueses da USP.

Outros virão após esses, e, com certeza, todos com o mesmo sucesso dos primeiros, cujas edições também vêm se sucedendo.

O objetivo principal do trabalho de Eça vem sendo atingido, atestado pelas inúmeras manifestações que tenho recebido dos leitores, afirmando o bem que a leitura desses livros tem lhes proporcionado.

De um longínquo 25 de novembro de 1990, quando iniciamos esta tarefa de forma mais sistemática, no nosso lar, até o dia de hoje, 25 de novembro de 2003, data em que fiz questão de encerrar esta exposição, como homenagem ao dia do nascimento do querido autor espiritual, em sua existência como Eça de Queirós, completam-se treze anos.

Treze anos de um trabalho realizado com muito amor, cuja narrativa faz parte desta *História de muitas histórias*, que compusemos com base nos acontecimentos vividos durante esse período.

Posso afirmar que foram anos de muita dedicação, mas também de dificuldades. Algumas envolvendo problemas de saúde, outras pela presença de irmãos infelizes, tanto os que são contrários ao trabalho no bem, quanto aqueles que nós mesmos infelicitamos por atos impensados no nosso passado de muitas existências. Porém, dentre todas, uma se me apresentou com dificuldade maior, quando, em outubro de 2002, começou, para mim, um período de lutas contra uma enfermidade mais séria, que me obrigou a uma cirurgia e cujo tratamento, após, não foi nada fácil.

Parte do meu trabalho ficou por algum tempo prejudicado, e o que tenho realizado agora tem sido com a lentidão a que a fragilidade do meu organismo, pela convalescença e pela minha idade me obriga. Mas posso afirmar, também, que têm sido anos de muita proteção espiritual e muito auxílio, sobretudo nesse período mais difícil, e de muitas alegrias por termos podido realizar, pelas oportunidades que Deus, em sua magnanimidade, nos oferece, essa tarefa com meu pai espiritual, o pai físico de muitas jornadas terrenas.

Esta narrativa fica encerrada, pois é necessário que se lhe dê um ponto final, mas o nosso trabalho continua e nós continuamos com ele, tanto no empenho da publicação do que já temos pronto, como da recepção do que meu pai desejar me transmitir, até quando Deus, na Sua bondade e misericórdia, nos permitir...

Fim